O MISTÉRIO DA CASA

CLEBER GALHARDI

2ª edição
5.000 exemplares
Do 5ª ao 10ª milheiro
Maio/2015

© 2014 - 2015 by Boa Nova Editora

Capa
Juliana Mollinari

Diagramação
Juliana Mollinari

Revisão
Mary Ferranini
Maria Carolina Rocha
Paula Lopes

Coordenação Editorial
Ronaldo A. Sperdutti

Todos os direitos estão reservados.
Nenhuma parte desta obra pode ser reproduzida
ou transmitida por qualquer forma e/ou quaisquer
meios (eletrônico ou mecânico, incluindo fotocópia e
gravação) ou arquivada em qualquer sistema ou banco
de dados sem permissão escrita da Editora.

O produto da venda desta obra é destinado à
manutenção das atividades assistenciais da
Sociedade Espírita Boa Nova, de Catanduva, SP.

1ª edição: Julho de 2014 - 5.000 exemplares

O MISTÉRIO DA CASA

Instituto Beneficente Boa Nova
Entidade coligada à Sociedade Espírita Boa Nova
Av. Porto Ferreira, 1.031 | Parque Iracema
Catanduva-SP | CEP 15809-020
www.boanova.net | boanova@boanova.net
Fone: (17) 3531-4444

Dados Internacionais de Catalogação na Publicação (CIP)
(Câmara Brasileira do Livro, SP, Brasil)

Galhardi, Cleber
    O mistério da casa / Cleber Galhardi. --
1. ed. -- Catanduva, SP : Boa Nova Editora, 2014.

    ISBN 978-85-8353-004-6

    1. Espiritismo 2. Romance espírita I. Título.

14-06269   CDD-133.9

Índices para catálogo sistemático:

1. Romance espírita : Espiritismo   133.9

SUMÁRIO

Apresentação 7

Novidades 9

O trio calafrio 13

Na casa de Léo 17

O Taturana 21

O plano.. 25

Às 20 horas 29

O susto de Melissa 35

O desaparecimento de Léo 39

Nova surpresa 45

No quarto 51

O caderno 55

Um novo dia 61

Após a aula 67

Na casa de Tuba 71

A visão de Léo 75

Na escola com os amigos 81

Novas anotações 87

O universo e os mundos habitados 93

Professor Miguel 99

Aula de educação física 107

Um novo susto 113

O espírito 119

No shopping 123

A supresa de Melissa 129

A carta 135

A pesquisa 141

Novo desafio 147

Reencarnação? 153

A mensagem de Tuba 159

A comunicação 165

Contato? 169

Festa de aniversário 175

Rua Olegário de Lima Erleans 181

Número 1857 187

O livro 193

O Livro dos Espíritos 199

Mais informações 205

Allan Kardec 211

A incrível descoberta de Léo 219

O susto do trio 225

A visita 231

Laura 237

As mensagens 243

Enfim férias 251

APRESENTAÇÃO

Ao apresentarmos este livro do querido amigo Cleber Galhardi, queremos, primeiramente, esclarecer que ele é possuidor de uma observação incomum: intelecto investigador e discernimento perspicaz.

Temos acompanhado seu progresso espiritual desde a mocidade, bem como sua retomada do Espiritismo na vida atual, que, na realidade, é fruto de um trabalho já iniciado anteriormente nas lides do bem.

Cleber utiliza-se de *O Mistério da Casa* para oferecer aos amigos leitores uma formidável reflexão sobre a importância das obras da codificação de Allan Kardec e, igualmente, os diversos convites que a Espiritualidade Maior utiliza para nos atrair às lides da renovação interior.

Escreve com profundidade e inspiração, sempre intuído pelo mundo espiritual. Aliás, o companheiro é atuante na lida espírita, expositor, dirigente e médium em nossa Sociedade Espírita Boa Nova.

Enfim, agradecemos, uma vez mais, ao Senhor da Vida pelo livro que se segue, que é, na verdade, uma sementeira de consolação e esperança para cada criatura que entrar contato com essas páginas.

Hammed

(Mensagem psicografada por Francisco do Espírito Santo Neto na
Sociedade Espírita Boa Nova, Catanduva-SP)

NOVIDADES

Aquele parecia um dia comum, como todos os outros, mas ele seria diferente, seria um dia decisivo que, com certeza, mudaria a história de Léo e seus amigos.

Em várias oportunidades, o rapaz acompanhava um grupo que se reunia em uma casa em frente à sua. Essas pessoas eram lideradas, acreditava Léo, por um senhor de poucas palavras, que o menino e seus amigos apelidaram de "Taturana".

O grupo não era visto havia mais de um mês. Mas, naquela tarde, a tranquilidade da rua foi quebrada pela conversa de duas senhoras. O menino, percebendo que algo estava acontecendo, foi para a frente da casa e avistou as duas pessoas que conversavam animadamente. Quando identificou quem eram, não teve dúvidas. Correu para pegar um telefone, com a intenção de dar a notícia aos seus inseparáveis amigos.

Com o celular na mão, ansioso para contar, procurou na agenda o nome Tuba – era o apelido de Tobias –, um de seus melhores amigos. Apertou a tela sobre o nome e aguardou completar a chamada.

— Alô! – atendeu prontamente o amigo do outro lado.

— Tuba, sou eu. Tenho novidades sobre o Taturana. Hoje vi um carro parado em frente à casa dele. Ouvi quando duas pessoas saíram conversando e, ao se despedirem, disseram que retornariam para a reunião, às oito horas da noite. Não vi o Taturana, mas, com certeza, ele estava dentro da casa.

— Nossa! Depois de tanto tempo, até que enfim ele resolveu aparecer! Desta vez não vamos deixá-lo escapar. Precisamos descobrir o mistério que envolve esse cara e seu grupo.

— Avisa a Melissa. Ficarei aguardando vocês dois, às quatro horas, em minha casa – disse Léo ao amigo.

— Ok. Às quatro horas estaremos na sua casa. Até lá.

Ao desligar o telefone e passar a informação ao amigo, Léo não se conteve. Esfregou as mãos de felicidade e deu um salto em direção à janela da sala, que era a mais próxima da rua e permitia que ele observasse tudo sem ser notado. Deu um sorriso discreto e ficou concentrado, observando, na esperança de ouvir parte da conversa, mas as duas mulheres conversavam baixo, e ele não conseguia ouvir nada.

O Trio
Calafrio

Léo, Tuba e Melissa eram amigos e tinham a mesma idade, 13 anos. Desde crianças, frequentavam a mesma escola, na mesma classe, e dificilmente estavam separados. Faziam o dever de casa, estudavam, saíam para festas, formando um grupo carinhosamente chamado de "trio calafrio" pelos amigos. Até os professores assim os conheciam e todos sabiam que onde um estivesse os outros dois estariam juntos.

Léo era o mais agitado deles. Impulsivo, não media as palavras e sempre estava envolvido em alguma confusão, pelo hábito de falar aquilo que lhe vinha à mente. Discutia com frequência na escola. Tinha um espírito de liderança muito forte, e era ele quem tomava a frente nas decisões do grupo.

Tuba era mais tranquilo. Não gostava muito de confusão, vivia acalmando as brigas em que Léo costumeiramente se metia. Era ele quem colocava panos quentes, quando os ânimos se acendiam. Bem-humorado, sempre fazia uma piada e acalmava os nervos da galera. Certa vez, Léo discutiu com um amigo de classe, Guto; chamou-o de "caixa de geladeira", devido ao físico do rapaz. Guto era muito forte e foi bater em Léo, quando Tuba interferiu:

— Não dê atenção a ele. Léo é do tipo que vive jogando pedras para cima, tentando derrubar alguma estrela do céu.

— Depois faz um risco no chão e tenta passar por baixo! – continuou Tuba.

Guto e o restante da sala caíram na gargalhada, e logo a confusão foi desfeita.

Melissa era a intelectual do trio. Apaixonada pelos estudos, estava sempre entre os melhores alunos da sala. Liderava o grupo quando tinha de fazer algum trabalho, rara exceção em que Léo não tomava a frente. Ensinava os dois, quando eles não entendiam alguma matéria. Vivia conectada à internet e sabia, como ninguém, o jeito mais rápido de encontrar informações na *web*.

E assim viviam os três amigos. Como cada um tinha uma habilidade que se destacava, os três se completavam, fortalecendo a grande amizade que existia entre eles. Léo com sua esperteza, Tuba com seu jeito mais calmo e Melissa com sua inteligência e delicadeza.

Na Casa
de Léo

Tempos depois, os amigos estavam reunidos. Léo, que já não aguentava a ansiedade, foi logo dizendo:

— Achei que não viriam. Que demora! – gritou ao ver os dois amigos chegando.

— Estava terminando uma consulta para o trabalho de matemática – justificou Melissa.

— Até onde eu sei, quando o ponteiro menor do relógio está no quatro e o maior no 12, são 16 horas. E coincidentemente é assim que está o relógio, "cabeção" – brincou Tuba.

— Vamos ao que interessa, finalizou Léo. Agora, nossa preocupação é encontrar um jeito de descobrir o que é que o Taturana esconde naquela casa.

— Continuo achando que isso é loucura – ponderou Melissa. – Não temos a menor ideia do que essa cara apronta lá. E se ele for algum bandido?

— Nada mau, adiantou Tuba. Nesse caso, podemos aprender algumas lições e, de repente, sequestrar algumas notas, afinal estou precisando muito.

Léo sorriu das palavras do amigo e disse:

— Sem essa. Estamos aguardando há muito tempo essa oportunidade. Ele estava desaparecido e agora, que o encontramos, vamos descobrir o que ele faz. Não faça como da última vez, Melissa! – advertiu o rapaz.

Léo se referia ao mês anterior. Estava tudo combinado

para tentar descobrir o segredo do Taturana, quando Melissa desistiu do plano e ligou dizendo aos amigos que não faria nada daquilo que haviam combinado. Léo se irritou profundamente e, contrariado, não prosseguiu com o propósito. Tuba, por sua vez, com seu jeito calmo e ponderado, ignorou o ocorrido e voltou para casa.

Com a expressão de seriedade, o rapaz aguardou a confirmação da amiga.

— Tudo bem, não vai acontecer de novo – falou a menina olhando para Léo. – Naquela ocasião, fiquei com medo, não estava confiante. Acho que agora é a hora certa. Desta vez será diferente. Fale sobre o plano.

— Ok – respondeu Léo e prosseguiu. — O plano é o seguinte...

O Taturana

Em frente à casa de Léo tem uma casa misteriosa, que fica a maior parte do dia vazia. Ali um grupo de pessoas se reúne uma ou duas vezes por semana, incluindo aquelas duas senhoras, geralmente no período noturno.

O estranho é que ninguém sabe o que essas pessoas fazem ali. O grupo é composto de homens e mulheres, não os acompanha nenhuma criança ou adolescente. Eles chegam, entram na casa, ficam ali por horas a fio e depois saem sem falar simplesmente nada com os vizinhos.

O chefe daquele grupo é um homem de mais ou menos um metro e oitenta de altura, cabelos grisalhos, magro e com grossas sobrancelhas. Tem um olhar firme, aparenta ser uma pessoa determinada e de poucas palavras.

Quando Léo comentou sobre esse homem com seus amigos, Tuba não teve dúvidas e, após a descrição que ouvira, disparou uma das suas:

— Pelo jeito das sobrancelhas, eu diria que o nome dele é Taturana – ironizou fazendo referência ao animal, que dispõe de abundantes, longos e finíssimos pelos.

Melissa achou graça do comentário, e o apelido "pegou" entre eles. A partir daquele dia, quando se referiam ao homem, eles o chamavam de Taturana.

O que mais intrigava Léo é que, em muitas ocasiões, ele via o homem entrar com o grupo, mas não o via sair. E o curioso é que nem mesmo as luzes permaneciam acesas após o grupo ir embora e o Taturana ficar na casa.

Léo também ficava pensativo quando observava que estava entre as pessoas e elas não lhe dirigiam a palavra. Possivelmente em sinal de respeito ou medo, e isso levou o menino a deduzir que ele era o chefe do grupo.

Qual seria o motivo daqueles encontros? Quem eram aquelas pessoas? Por que Taturana ficava na casa assim que todos saíam? Será que eles eram parte de um bando que prejudicava as pessoas? – esses pensamentos norteavam o trio calafrio.

Tuba chegou a cogitar que o Taturana fosse um bruxo, que praticava magia negra, possibilidade descartada pelos companheiros.

Até em chamar a polícia o garoto pensou: "E se eles forem perigosos?". Após várias conversas e deliberações, os três resolveram que podiam, eles mesmos, sem a polícia, tentar desvendar aquele mistério. E com essa finalidade, naquela tarde, eles estavam reunidos na casa de Léo.

O Plano

O menino, movido pelo espírito de liderança que lhe era peculiar, iniciou a descrição do plano que havia arquitetado:

— Gente, é o seguinte – Léo começou a falar. – Enquanto aguardava a chegada de vocês, fui até a casa de minha avó, que faz fundos com a do Taturana. O muro que divide as duas casas não é tão alto. Como ela dorme cedo, vamos entrar por lá, enquanto eles estiverem reunidos.

— E vamos pular o muro da casa de sua avó também? – questionou Tuba.

— Não – retrucou Léo e prosseguiu. – Minha mãe tem cópia de todas as chaves da casa. Depois que minha avó passou mal, no fim do ano passado, por medida de segurança, minha mãe providenciou a cópia de todas as chaves da casa dela. E aqui está a do portão – continuou, tirando do bolso e mostrando aos dois amigos uma chave.

— E quando estivermos no quintal do Taturana, o que vamos fazer? – perguntou, em seguida, Melissa.

Léo começou explicar detalhadamente como iriam agir:

— Então. O primeiro passo é descobrir em que cômodo eles se reúnem. Acho que devemos caminhar em silêncio e tentar descobrir onde eles estão. Depois procurar o melhor lugar para observá-los.

— Certo. E se formos descobertos teremos várias opções: uma delas é virar comida no caldeirão do bruxo, outra é sermos presos ou, quem sabe, receberemos um sorvete de chocolate por nossa coragem – brincou Tuba.

— Pare de inventar histórias. Vai dar tudo certo, vocês vão ver! Amanhã já saberemos tudo sobre o grupo do Taturana. E, se eles estiverem aprontando algo errado, vamos tomar as providências. Confiem em mim, eu sei o que faço – respondeu Léo, cheio de autoridade.

E continuou:

— Estejam aqui às oito horas da noite. Após eles fecharem as portas, iremos para a casa de minha avó.

Tuba e Melissa seguiram de volta para casa. No caminho, trocaram ideias sobre qual seria a desculpa que usariam para que seus pais dessem autorização para sair de casa naquela noite. Após várias conversas, chegaram à conclusão que o melhor seria dizer que havia um trabalho de Biologia para concluir. Depois de combinarem a desculpa, despediram-se e cada um seguiu para sua casa.

ÀS 20 HORAS

Léo já havia avisado a mãe que os dois amigos estariam em sua casa à noite. Era comum ficarem reunidos, e dona Luiza não fez nenhuma pergunta sobre o motivo da visita. Simplesmente acenou positivamente com a cabeça sem dar nenhuma importância ao fato.

Melissa foi a primeira a chegar. Cumprimentou dona Luiza e seguiu para o quarto de Léo, que aguardava ansioso por sua chegada. Minutos depois, ouviram a campainha. Era Tuba, e, finalmente, o trio calafrio estava reunido.

A mãe de Léo havia informado que iria visitar uma tia doente e que estaria fora por algumas horas. Despediu-se dos três, fez algumas recomendações e saiu. Tudo parecia conspirar para que aquela fosse a noite ideal para que o trio, enfim, pudesse desvendar o mistério que o preocupava. Pouco tempo depois, estavam os três, com muita calma, virando a fechadura do portão da casa da avó de Léo.

Pelo corredor, chegaram próximo ao muro da divisa. Pegaram uma escada, que ficava escondida no quintal, e a usaram para facilitar e entrada na casa em que estava o Taturana e seu grupo.

Ficaram quietos por alguns minutos, até perceberem a chegada de todos os que eram aguardados para aquela reunião. Na ponta dos pés, foram se aproximando até identificar onde estavam reunidos.

O local escolhido pelo grupo foi a sala da casa. Na lateral, existia uma janela, e foi ali que Léo, Tuba e Melissa preferiram ficar para tentar ouvi-los. Com um pouco de sorte, eles não teriam dificuldade em descobrir qual era o motivo daquelas reuniões.

Dentro da casa, as pessoas conversavam, descontraidamente, sem imaginar que os três estavam do lado de fora. De repente, não se ouviu mais nenhuma palavra, as luzes se apagaram. Debaixo da janela, do lado de fora e sentados, pela primeira vez, uma sensação de medo tomou conta dos três amigos. Eles se olharam assustados, não imaginaram que a casa ficaria no escuro.

Perceberam que uma voz feminina balbuciava algumas palavras. Como a mulher falava baixo, era praticamente impossível ouvir o que ela estava dizendo. Tuba não teve dúvidas, levantou-se para tentar colocar o ouvido na janela. Quando se encostou no vidro, sentiu um puxão em sua camisa; era Léo, que, num impulso de raiva, puxou o amigo para baixo.

— Você quer estragar tudo? Eles podem perceber sua sombra no vidro – sussurrou.

— Foi mal. É que não estou entendendo nada. Achei que pudesse melhorar – respondeu meio sem graça.

Nesse meio-tempo, enquanto Tuba e Léo se entendiam, novamente as luzes se acenderam. E uma voz masculina, supostamente do Taturana, tomou a palavra e começou a falar:

— Sejam bem-vindos. É muito bom dar início às nossas reuniões novamente. Como todos sabem...

Nesse instante, Melissa olhou espantada para os dois amigos. Arregalou os olhos, colocou a mão na boca para conter um grito. Não conseguiu. Gritou e saiu correndo em direção ao muro dos fundos. Tuba e Léo, sem entender o que estava acontecendo, correram atrás da amiga para tentar socorrê-la.

Num impulso, ela deu um salto, segurou no muro e conseguiu descer a escada até chegar ao chão do quintal da avó de Léo. Logo depois, foi Tobias que apareceu e deu um abraço na amiga.

— O que aconteceu? Você está bem? — questionou ofegante.

Melissa fez um sinal a ele pedindo para esperar um pouco até ela acalmar a respiração.

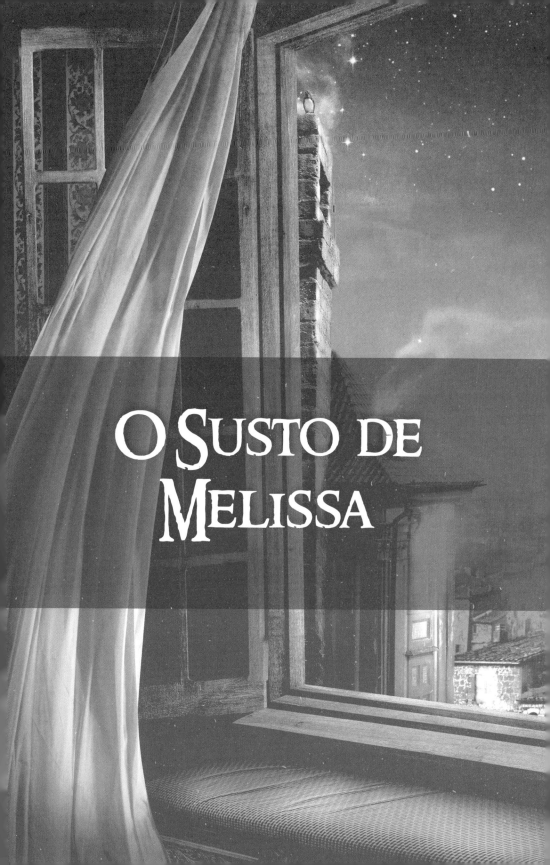
O Susto de Melissa

Melissa sentou-se no chão, procurando se acalmar. Olhava para o amigo que, sem entender nada, apenas acompanhava a cena. Tuba sempre procurava manter a calma, mas desta vez sentia o coração batendo aceleradamente. Tudo parecia correr conforme o combinado e, sem nenhum motivo aparente, Melissa saiu em disparada.

Aos poucos, foi recuperando a cor e seus batimentos cardíacos se normalizaram. Ela olhou para o amigo, sorriu e começou a se explicar:

— Desculpe, Tuba. Foi mais forte que eu. Você sabe que eu morro de medo de sapos. Estava entretida com as palavras do Taturana, quando coloquei a mão no chão para me ajeitar. Senti algo estranho quando apoiei... olhei para baixo e descobri que não tinha colocado minha mão no chão, e sim em cima de um... sapo! Ai, meu Deus, que nojo!

Tuba tentou, de todas as formas, segurar o riso, mas não aguentou e soltou uma gargalhada.

— Pobre sapinho! Voltarei lá para pedir desculpas ao bichinho. Então era isso? Você quase me mata de susto e agora me diz que fez todo esse escândalo por causa de um príncipe disfarçado?

— Deixe de ser bobo. Tenho medo, e você quer que eu faça o quê? Foi mais forte que eu!

Tudo parecia voltar ao normal, quando os dois perceberam a ausência de Léo. A cena foi tão intensa para Tuba e Melissa que eles não notaram a ausência do amigo. Onde estaria o Léo? Será que ele tinha sido pego pela turma do Taturana?

O
DESAPARECIMENTO
DE LÉO

Tuba olhou para Melissa, e os dois pareciam não acreditar no que estava acontecendo. Agora o medo se tornou bem mais intenso. Os dois precisavam pensar em algo para resgatar o amigo...

O silêncio reinou por um longo período. Na cabeça dos dois, os pensamentos se agitavam, era cada um numa direção. Melissa sentiu um enorme arrependimento por ter aceitado tentar descobrir quem eram aquelas pessoas; abaixou a cabeça e deixou cair uma lágrima. Jamais se perdoaria se acontecesse alguma coisa com aquele que era considerado, por ela, um irmão.

Já Tuba estava envolto em pensamentos de raiva. Se eles fizessem alguma coisa com o seu melhor amigo, iria até as últimas consequências para se vingar do grupo de Taturana. Teve vontade de se levantar e sair em busca de Léo. Afinal, não descansaria enquanto não encontrasse seu companheiro.

Ia se levantar, quando lembrou de algo. O que diria a dona Luiza sobre o desaparecimento do filho? Só de pensar no desespero dela, sentiu um arrepio no corpo todo. Antes de sair em busca dele, era necessário inventar uma desculpa que pudesse tranquilizar a mãe do amigo.

Melissa, percebendo a agitação de Tuba, perguntou:

— O que você está pensando?

— Melissa, estou tentando encontrar uma desculpa para dizer a dona Luiza. Ela não vai nos perdoar caso tenha acontecido alguma coisa de ruim com o Léo.

— Realmente. Nem ela, nem nossos pais.

Melissa olhou para o alto, visualizando as estrelas e pedindo ajuda ao céu para encontrar uma saída. Sabia que não poderia inventar qualquer coisa, pois, com certeza, o instinto materno de dona Luiza saberia que Léo não estava bem. Quando, de repente, algo lhe veio à mente.

— Tuba, acho que tenho uma ideia!

— Podemos ir para a minha casa e ligar para dona Luiza. Direi a ela que nós vamos dormir lá e que ele pediu para eu ligar solicitando autorização. Direi que ainda temos um trabalho escolar para terminar e que seriam necessárias mais algumas horas.

— E se ela pedir para falar com ele?

— Nesse caso, digo que vocês foram buscar um sorvete e que, assim que voltarem, ele entrará em contato com ela. Sabendo que vocês estão em minha casa, dificilmente ela vai retornar a ligação.

Tuba ia fazer um comentário quando ouviu vozes do lado de fora da casa do Taturana. Correu para a escada e viu que a reunião havia terminado. As pessoas saíam apressadamente, e ele não conseguiu visualizar se Taturana estava entre eles. Fez um sinal para Melissa, indicando o fim da reunião.

O que fariam com Léo? Será que ele estava preso na casa ou estariam levando-o para algum lugar? Teve vontade de sair ao encontro deles e tirar a história a limpo.

Mas avisar dona Luiza era, momentaneamente, mais importante.

Tuba desceu da escada e pediu para Melissa aguardar um pouco mais. No fundo, tinha a esperança de ouvir alguma coisa sobre o paradeiro do amigo. Olhou as horas e combinou com a amiga para aguardar mais uns 20 minutos.

Ao final do tempo estabelecido, demonstrando intensa tristeza, convidou a amiga para sair dali e tentar convencer dona Luiza a deixar o filho dormir na casa de Melissa.

Os dois seguiam em direção ao portão quando ouviram um barulho no quintal da casa do algoz de Léo. Olharam para trás espantados. De quem seriam aqueles passos? Será que era alguém do bando tentando prendê-los também?

Tuba puxou Melissa pelo braço, chamando a amiga para correr. Os dois dispararam rumo ao portão de saída e, quando chegaram próximo, estancaram praticamente juntos. A chave estava com Léo. Agora sentiram que poderia ser o fim. Ouviram os passos se aproximando...

Nova
Surpresa

As pernas de Melissa pareciam ter vida própria, tamanha a intensidade com que tremiam. Ela não tinha a menor coragem de olhar para trás e verificar quem estava se aproximando. Tuba, com o coração disparado, virou-se de costas para o quintal, da mesma forma que Melissa, na tentativa de evitar ter de encarar o perigo.

Para se sentirem seguros, os dois deram-se as mãos, dizendo a si mesmos que ninguém levaria um e deixaria o outro ali. Temendo o pior, trocaram olhares e combinaram de virar para ver quem estava chegando.

A ideia era contar até três e virar. Tuba, apertando a mão de Melissa, começou a contagem com voz trêmula:

— Uuum, do-dois e três!

Quando olharam para, finalmente, encarar o perigo, novamente uma surpresa. Gritaram ao mesmo tempo, como se houvessem combinado:

— Léeeeeeeeeeo!

Correram para abraçar o amigo. A alegria era imensa. Os dois choraram, apertando Léo; pareciam não acreditar no que viam. Ficaram, pelo menos, uns cinco minutos abraçados antes de perguntar o que havia acontecido com ele. Após a alegria do reencontro, Melissa disse:

— Pelo amor de Deus, o que aconteceu com você?

Tuba emendou:

— Você quer me matar de tristeza?

Tomando uma postura de herói, Léo ficou explodindo de alegria pelo carinho que os dois demonstravam por ele. Ao mesmo tempo, queria mostrar sua coragem e apresentar o "troféu" que carregava nas mãos.

— Vocês não vão acreditar no que aconteceu – respirou fundo e continuou:

— Quando Melissa saiu em disparada, e vi que o Tuba a seguia, eu fiz o mesmo. Não entendi nada do que estava acontecendo. Enquanto nós três seguíamos em direção à escada para voltar ao quintal de minha avó, eu tropecei e caí. Bati com a cabeça e fiquei um pouco zonzo. Perdi completamente o senso de direção.

Percebendo os olhares atentos dos dois, respirou novamente e prosseguiu:

— Não vi para onde vocês tinham ido. Acabei seguindo para o lado que deu, e cheguei à área dos fundos da casa. Sentei e fiquei aguardando até me recuperar e ter forças para sair de lá. Estava quase normal, quando escutei o pessoal do Taturana saindo da casa. Permaneci até ter a certeza de que todos tinham ido embora.

Tomado de ansiedade para dar a notícia que seria o prêmio pela aventura, disse:

— Antes de sair, tive uma forte intuição para verificar a porta dos fundos, que estava bem na minha frente. Quando mexi na fechadura, percebi que ela estava aberta.

— O quê? – explodiu Tuba. — Quer dizer que você teve a coragem de entrar?

— Exatamente! – respondeu orgulhoso. – Fui até o local em que eles estavam reunidos. Havia uma mesa comprida, cheia de cadeiras em volta, e olhe o que eu encontrei em cima da mesa...

Ergueu as mãos, mostrando um caderno.

— Tenho aqui as anotações do grupo. Agora vamos saber tudo o que eles fazem!

— Você é demais! Dê aqui um abraço, amigão! – comentou Tuba, orgulhoso da coragem do companheiro.

— Eu com tanto medo, e... olhe como tudo terminou bem! – emendou Melissa.

Léo, movido pela ansiedade de sempre, acabou com os comentários e convocou os amigos:

— Chega de conversa. Vamos direto para a minha casa descobrir o segredo que o Taturana guarda. Temos de ler hoje mesmo e amanhã devolver o caderno para o dono, se é que vamos fazer isso. Pode ser que tenhamos de levá-lo direto à polícia.

Léo tirou a chave do portão do bolso, abriu-o e convidou os amigos para sair. No caminho, quis saber os motivos que levaram os dois a sair correndo. Quando descobriu o que havia acontecido, soltou uma gargalhada. Para não magoar a amiga, agradeceu ao sapo, dizendo que sem ele o caderno não estaria em suas mãos.

No Quarto

Com muita pressa, o trio foi entrando na casa e eles correram direto para o quarto. Puxando a fila, Léo parecia não acreditar na possibilidade da leitura do caderno. Deu um pulo de alegria e um beijo naquele caderno, que era considerado um verdadeiro tesouro.

O dono da casa jogou o caderno em cima de sua cama. Os dois vinham logo atrás, e Melissa fechou a porta para garantir que ninguém os incomodasse.

— Olhe! Meu coração parece que vai saltar do peito – brincou Tuba. — Ou eu leio esse negócio hoje ou dou uma volta olímpica pelo bairro para acabar com essa ansiedade!

Léo interrompeu Tuba:

— Senhoras e senhores, hora do espetáculo! – falou com brilho nos olhos.

Pegou o caderno e, quando virou a capa para finalmente ver o que os esperava, a porta do quarto se abriu. Era dona Luiza que acabava de chegar.

— Crianças, vocês querem comer alguma coisa? O que estão fazendo, que caras assustadas são essas?

— Mãe, que susto! Não queremos nada. Agora vá e nos deixe estudar! – respondeu Léo mostrando irritação, sem conseguir disfarçar o incômodo que a presença de sua mãe proporcionava naquele momento.

— Está bem. Espero que vocês estejam realmente estudando. Algo me diz que tem alguma coisa errada por aqui. Depois que terminarem, quero dar uma olhadinha no seu caderno, senhor Leonardo.

Dizendo isso, dona Luiza fechou a porta. Foi para a sala ver televisão, deixando o trio calafrio a sós.

Agora era chegado o momento. Com o caderno em mãos, os três se debruçaram na cama para iniciar a leitura.

O Caderno

Quando, finalmente, iniciou-se a leitura do caderno, os três amigos pareciam não acreditar naquilo que liam. Léo olhou para os dois com os olhos arregalados, perplexo. Melissa sentou-se na cama, deu um sorriso amarelo, sem graça, e olhou para o vazio. Tuba coçou a cabeça, totalmente desorientado, parecendo que tinha acabado de assistir a um filme sem conhecer o final.

— Que diabos é isso aqui? – comentou Léo, indignado, olhando para o caderno. – Quando pensei que iríamos solucionar o mistério, parece que ele está apenas começando?!

Léo levantou-se da cama, puxou o caderno e começou a ler em voz alta, tentando encontrar alguma explicação para o texto:

— Que é Deus?

— Onde se pode encontrar a prova da existência de Deus?

— Será dado, um dia, ao homem compreender o mistério da Divindade?

Léo terminou a leitura e olhou para os dois, esperando alguma manifestação. Seus pensamentos estavam tumultuados. Em nenhum momento de sua vida ele havia feito perguntas desse tipo. Melissa também tentava buscar alguma explicação. Qual seria a razão de alguém reunir um grupo para elaborar questões dessa natureza?

Tuba estava achando aquilo divertido. Tanto trabalho para chegar a esse ponto e descobrir que correram atrás de uma coisa que não tinha resposta, pelo menos naquele momento. Mas, mesmo assim, não deixou de dar sua opinião:

— Minha cabeça está rodando mais do que bomba de posto de gasolina! Não dou conta nem das matérias da escola e agora me aparece um negócio desses! Graaaande Tatu! Agora eu quero ver sairmos dessa. Eu avisei que ele era um bruxo, vocês não acreditaram em mim. Paciência!

Melissa ouviu os comentários e nada respondeu. Jamais tinha deparado com o mistério da divindade. Já Léo ficou imaginando que tipo de resposta poderia dar. Era difícil encontrar explicação para a existência de Deus. Pensou que seria melhor esquecer aquele caderno e devolvê-lo o mais rápido possível.

O problema é que os três ficaram pensativos. Apesar de encontrarem anotações totalmente diferentes daquilo que imaginavam, eles não estavam conseguindo se desligar das questões levantadas por Taturana.

— Gente, acho melhor irmos dormir e amanhã voltaremos a falar sobre esse assunto. Depois de tudo o que aconteceu e dessas interrogações, não consigo racionar direito – sugeriu Melissa.

— Concordo – expressou Léo.

— Até amanhã – emendou Tuba, indo em direção à porta.

Após essa decisão, Melissa e Tuba voltaram para

58 | O MISTÉRIO DA CASA

casa. Em comum, ficava a necessidade de encontrar a solução para as perguntas e também para entender que tipo de coisa movia o grupo do Taturana. Cansados e com um novo dilema na cabeça, o melhor remédio seria dormir.

Um Novo Dia

Léo pulou da cama mais cedo que de costume. Foi para o banho e não conseguia se desligar dos pensamentos gerados pelas anotações do Taturana. Por mais que tentasse, não encontrava uma resposta convincente para explicar Deus e Seus mistérios.

Após o banho, vestiu o uniforme da escola e foi para a cozinha tomar o café da manhã.

— Bom dia, mãe.

— Bom dia, meu filho, acordou mais cedo hoje?

— Vou dar uma passada na vovó. Faz tempo que não dou um beijo nela.

Na verdade, Léo estava somente arrumando uma desculpa para entrar no quintal da casa de sua avó e devolver o caderno. Mesmo que o motivo fosse justo, o menino sabia que não era correto ficar com algo que não lhe pertencia.

— Faz muito bem, filho. Com certeza, ela ficará feliz com sua visita.

Inconformado com as ideias, o menino não teve dúvidas. Queria ouvir a opinião de sua mãe. Quem sabe ela poderia ajudá-lo? Olhou para ela e perguntou:

— A senhora acredita na existência de Deus?

Espantada com a pergunta do filho, dona Luiza parou de arrumar a louça, puxou uma cadeira e sentou-se.

— Claro que sim, meu filho. Todos nós temos a crença

em um ser superior. É inato em nós esse sentimento. Mesmo aqueles que dizem que não acreditam, depositam essa fé em alguma coisa. Tem gente que acha que a Ciência é Deus. Outros dão esse poder ao dinheiro e assim sucessivamente.

— E que prova a senhora tem da existência de Deus? – retrucou.

Surpresa com a nova pergunta, a mãe de Léo colocou a mão carinhosamente no braço do menino e ponderou:

— Filho, eu acredito que não temos, ainda, capacidade para provar a existência Dele. Tenho plena convicção de que um dia teremos nossos sentidos mais apurados para perceber o Criador. Agora, pensa comigo. Tudo aquilo que o homem não criou, é fruto de Deus. Não consigo olhar para a natureza e suas leis e descartar a existência de Deus. Tudo é perfeito na criação, impossível ser obra do acaso, entendeu?

— Sim.

— Léo, você está com algum problema? Pode se abrir com a mamãe, você já tem idade para me enxergar como uma amiga.

— Não, mãe, está tudo bem.

Dona Luiza ficou preocupada com as perguntas que recebeu. Não entendeu o motivo do interesse de Léo em Deus. Ela achou que ele poderia estar com algum problema e precisando de ajuda.

Satisfeito, o menino agradeceu as considerações dela, deu um beijo no seu rosto e seguiu para a casa da avó. Agora o desafio era outro; devolver o caderno ao seu dono sem que sua avó percebesse.

Com a chave do portão no bolso, seguiu elaborando como faria isso. Chegando lá, abriu o portão bem devagar e foi na ponta dos pés para o quintal da casa. Percebeu que sua avó estava na lavanderia. Com muito cuidado, colocou a escada, subiu e rapidamente estava na área que dava acesso à porta que ele encontrara aberta no dia anterior. Sem dificuldades, colocou o caderno no lugar e voltou para conversar um pouco com a avó.

Após breve conversa, despediu-se e foi para a aula. No caminho, ficou imaginando quem era o Taturana e por que ele fez essas perguntas. Ainda não conseguia entender o que ele fazia nem quais as razões para ele passar noites e noites sozinho e dentro da casa.

E quanto a Tuba e Melissa, o que diriam sobre Deus? Será que haviam feito alguma descoberta?

Léo estava ansioso para encontrá-los.

Após a Aula

Os três amigos não aguentavam mais a ansiedade para o término da aula. Combinaram, no intervalo, que ficariam um pouco mais na escola, após o horário, para conversar sobre o tema proposto pelo Taturana.

Quando o professor disse que soltaria os alunos cinco minutos mais cedo, os três entreolharam-se felizes e seguiram para uma praça que ficava próxima da escola.

Melissa não havia realizado nenhuma pesquisa sobre o assunto, alegando que não teve tempo para acessar a internet. Chegou em casa e foi direto para a cama. Seguindo o exemplo de Léo, teve uma conversa com seus pais no café da manhã.

— Meus pais acham que Deus é o começo de tudo. Eles disseram que era algo do tipo a causa primária de tudo e que não dá para saber especificamente o que Ele é. Sugeriram uma espécie de inteligência ou uma "energia" que coordena tudo o que existe – disse a menina.

— Mas Deus não é Jesus? – retrucou Tuba imediatamente.

Melissa olhou para o amigo, riu e comentou:

— Como sempre o desligado não prestou atenção na pergunta. O Taturana quer saber "que é" Deus? E não "quem é" Deus?

— E que diferença isso faz?

— Quando ele utiliza o pronome "que", está tentando entender a natureza de Deus, o que Ele é. Se ele tivesse utilizado "quem é", estaria buscando uma pessoa, entendeu?

— Sim, senhora. Que seria de mim sem você, minha deusa. Tu és a nora que minha mãe pediu a Deus.

— Deixa de ser bobo! – rebateu.

Léo, que observava tudo atentamente, entrou na conversa.

— E algo me diz que Jesus não era Deus. Para mim, ele era o filho de Deus, como todos nós somos.

Tuba ficou olhando para Léo e Melissa, observando o debate que os dois amigos promoviam, e teve um *insight*.

— Pelo que entendi, podemos juntar as respostas dos pais de vocês e resumir assim: Deus é causa primária de todas as coisas. Não existe o acaso nem efeito sem causa, e não entendemos Deus ainda porque não temos capacidade. Certo, meus camaradas?

— *Yes*! – gritou Léo.

Antes de qualquer comentário de Melissa ou Léo, Tuba tomou a palavra:

— Pode mandar mais uma, Taturana! Ainda vamos descobrir quem é você e o que faz! Aguarde!

Os três concordaram com o resumo e ficaram felizes com o resultado de suas reflexões. Olharam para o relógio e perceberam que estava na hora de voltar para casa. Marcaram de se encontrar mais tarde para estudar e conversar mais um pouco.

Na Casa
de Tuba

Melissa chegou junto com Léo à casa do Tuba. Precisavam estudar para as provas que teriam no início na semana seguinte. Foram para uma mesa, que ficava na área de lazer da casa. O tema da vez era aquele que esteve presente nas últimas horas: o Taturana.

— Vou ficar de olho. Quando eles se reunirem novamente, tentarei entrar na casa e pegar o caderno. Ainda não consigo entender o que aquelas pessoas fazem na casa. Estive pensando se as perguntas que encontramos não eram para nos distrair. Afinal, só tinham elas no caderno.

— Não podemos descartar essa possibilidade. Se o grupo for perigoso, já perceberam que estamos de olho e tentaram nos enganar. Achei esquisita essa história de porta aberta – completou Melissa.

— Será que o Tatu pregou uma peça em nós? – quis saber Tuba.

— Não sei. Mas, com certeza, eu vou descobrir ou não me chamo Léo.

— Cuidado para não encontrar o Taturana, se tentar entrar lá de novo. Se ele estiver desconfiado, pode ser que faça uma armadilha e te prenda na casa – alertou Melissa.

— Pode ser. Vamos fazer o seguinte. Enquanto eu verifico se a porta continua aberta, vocês dois ficam aguardando com o celular na mão. Qualquer movimento estranho que perceberem, é só ligar para a polícia, ok?

— É uma boa estratégia, amigão. Por isso gosto de

você. Quando me casar com a Melissa o chamarei para padrinho, compadre!

Tuba tomou um tapa de Melissa que fez o Léo cair na risada.

— Acho bom começarmos a estudar – alertou a menina.

Os três voltaram a atenção para os livros. Ficaram até o fim da tarde estudando e, durante o restante desse período, não tocaram mais no assunto.

A Visão de Léo

Léo chegou em casa cansado e com fome. Correu para a cozinha, pegou uma fruta e foi para a frente da TV. Começou assistir a um filme, gostou da história e ali permaneceu até o fim do programa. Tomou banho e foi jantar.

Dona Luiza havia feito seu prato predileto: lasanha. Ele não se conteve de felicidade com a escolha feita por sua mãe para o jantar e fez uma refeição farta. Comeu muito enquanto conversava assuntos rotineiros com ela: a escola, a vovó etc.

A mãe de Léo terminou o jantar e arrumou a louça. Depois desejou boa noite ao filho e foi para o quarto. Ela gostava de assistir a novelas, e o programa estava para começar.

Ao passar pela sala, Léo percebeu um movimento em frente a sua casa. Correu para a janela da sala e olhou para tentar identificar o que acontecia. Viu que as pessoas estavam chegando para mais um encontro. Não o viu, mas tinha certeza de que Taturana estava entre eles.

Surpreso com mais uma reunião, o menino decidiu ficar ali observando até o fim, para tentar ouvir alguma coisa. Prometeu a si mesmo que sairia dali somente quando percebesse que todos tinham deixado a casa, inclusive o chefe do grupo.

O tempo corria e nada de a reunião terminar. Por causa da grande porção de lasanha que havia saboreado, Léo sentiu-se cansado e com sono. Apesar da vontade de ir para a cama, ele não arredou o pé.

Para amenizar o desgaste, sentou-se no sofá e ficou aguardando as pessoas saírem da casa. Ficaria alerta a qualquer barulho ou movimento de pessoas. Tempos depois, ouviu passos e correu para a janela. As pessoas saíam conversando, mas ele não conseguia escutar uma palavra do que era dito. Aos poucos, o grupo se dispersou, e Léo percebeu que o líder não havia saído.

Voltou para o sofá e decidiu aguardar. Com um pouco de sorte, o chefe não demoraria a sair. Depois de certo tempo, resolveu dar mais uma olhadinha. Ao chegar à janela, o menino deu um salto para trás, não acreditando no que estava acontecendo, ou melhor, naquilo que ele via.

Taturana estava em cima da casa e parecia flutuar. Na verdade, estava flutuando. O menino, chocado, tentou dar um grito. "Como podia estar acontecendo uma coisa daquela? Será que Tuba tinha razão, e o Taturana era mesmo um bruxo?", refletia Léo.

Ele sentiu o coração disparar. Começou a suar frio e teve a impressão de que iria desmaiar. Olhou mais uma vez e viu que o homem havia notado que ele o observava. Fez um sinal de "ok" para Léo e abriu um sorriso. Apavorado, Léo recuou e quis sair correndo. Pensou em chamar a sua mãe e pedir ajuda. Parecendo "ouvir" os pensamentos do menino, Taturana antecipou-se:

— Não tenha medo, pode vir aqui. Eu sei que você tem o desejo de conversar comigo. Prometo que não lhe farei mal.

Como não conseguia soltar nenhuma palavra, Léo acenou negativamente com a cabeça. Ao ver o gesto dele, o homem, então, resolveu ir em sua direção. Ainda levitando, saiu de cima da casa e rumou para onde Léo estava. Quando viu aquele homem na porta de sua casa, o menino entrou em pânico. Agora, Taturana o raptaria. Teve a sensação de que aquele cara sabia que ele tinha lido as anotações do caderno.

— Ai meu Deus! O que é que eu faço agora?

Não restava alternativa, a não ser apelar para a ajuda de sua mãe. Olhou novamente e viu que Taturana estava a poucos metros da porta. Não havia mais nada a fazer, era necessário gritar. Quando ia apelar à dona Luiza, Léo sentiu uma mão tocar-lhe o ombro.

— Filho, vá para a cama. O que aconteceu? Você está suando frio!

Confuso, porém aliviado, o menino disse à mãe:

— Nada não, mãe. Foi somente um pesadelo. Já vou para a cama.

— Filho, você está me deixando preocupada...

— Não há nada de errado, mamãe. Acho que os estudos da tarde me deixaram com a cabeça cheia. E, depois de tanta lasanha, tive um pesadelo. Aliás, parabéns! O jantar estava uma delícia!

Dona Luiza sorriu, deu um beijo no garoto, seguido de um abraço e o mandou ir para a cama. Sem questionar, o rapaz foi para o quarto. Ao deitar-se, lembrou do sonho. Que alívio sentiu ao abrir os olhos! A sua mãe o salvara de um terrível pesadelo.

Mesmo assim, Léo estava pensativo. Apesar de ter acordado, algo o incomodava sobre o sonho. No íntimo, carregava a sensação de que aquilo tudo era verdade. Sentia que era real a visão que tivera do Taturana. Existiria a possibilidade de as pessoas se encontrarem durante o sono físico?

Léo achou essa possibilidade interessante. Pensou nas pessoas que encontraria e nas possíveis conversas. Quem sabe até com a chance de flutuar, como fazia o Taturana...

"Acho que estou ficando louco. Foi somente um pesadelo", pensou.

Após "rolar" de um lado para o outro na cama, durante mais de uma hora, cansou e adormeceu.

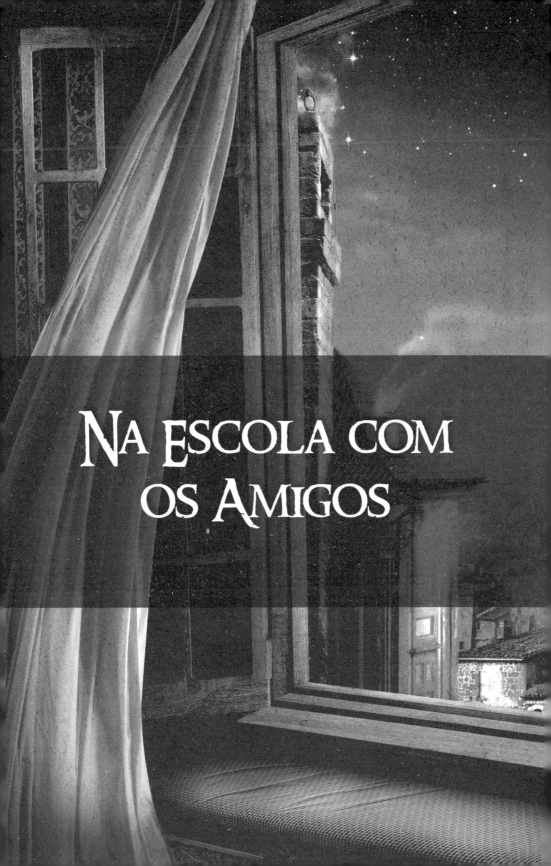
Na Escola com os Amigos

Tuba foi o primeiro a chegar. Ficou parado em frente ao portão da escola aguardando que os dois componentes do trio chegassem. Minutos depois, apareceu Melissa e, por fim, Léo andando bem devagar e com cara de sono.

— Nossa! Parece que você dormiu dentro de uma gaveta, de tão amassada que está a sua cara. Aconteceu alguma coisa ou é sono mesmo? – perguntou Tuba.

— Nem queiram saber o que aconteceu comigo ontem. Preciso falar com vocês e passar minha experiência. Não conseguia dormir de jeito nenhum.

Melissa arregalou os olhos e fez um comentário:

— Detesto que façam mistérios. Fale agora, isso me deixa curiosa.

Mas Léo, que era sempre agitado, desta vez pediu cautela:

— Vamos pensar primeiro na aula e depois conversamos.

Percebendo que ele não queria conversar naquele momento, os dois amigos ficaram quietos e seguiram para a sala de aula. Tuba e Melissa não conseguiam desviar o olhar do amigo. A curiosidade era quase incontrolável, a ponto de tirar a atenção daquilo que o professor falava. O tempo corre devagar quando desejamos alguma coisa, e era essa sensação que tomava conta dos dois.

Já Léo permanecia tranquilo. De vez em quando, o sonho voltava à sua cabeça sem tirar sua concentração, fazendo com que ele rapidamente voltasse a atenção para

CLEBER GALHARDI | 83

a aula. Após o sinal para o intervalo, encontramos os três reunidos no pátio da escola.

Léo começou descrever o acontecido aos amigos. Começou narrando a reunião, depois o sonho, o encontro com Taturana, e finalizou com o despertar proporcionado por dona Luiza.

— Meu Deus! Que sonho terrível, amigão – exclamou Tuba. — Se não fosse sua mãe, agora estaríamos batendo à porta do Tatu para tentar salvá-lo das garras dele – brincou!

— Deus me livre de uma coisa dessas. Do jeito que eu sou, não seria difícil ir dormir com meus pais – falou Melissa em seguida.

Os três ficaram conversando sobre as possíveis consequências, se o sonho de Léo fosse verdade. Surgiram várias versões sobre o destino do garoto, as reações de cada um, qual seria o comportamento do Taturana, até que, em determinado momento, Tuba interrompeu o assunto:

— Amigos, acabo de me lembrar de uma coisa. Ontem foi dia de reunião. Foram discutidos vários assuntos e, provavelmente, existem novas anotações no caderno!

— Verdade, afirmou Léo. Eu havia esquecido completamente! Vamos deixar combinado da seguinte maneira: vou chegar em casa, almoçar e ir para a casa da minha avó. Se eu conseguir o caderno, ligo para vocês e marcamos o horário para continuar a leitura. Ok?

— Combinado – responderam Tuba e Melissa praticamente ao mesmo tempo.

84 | O MISTÉRIO DA CASA

Feliz com mais uma possibilidade de ler o caderno do grupo do Taturana, Léo despediu-se na expectativa de se encontrar, em breve, com os dois. Tuba e Melissa ficaram conversando mais um pouco, tentando imaginar a cena e como o Léo realmente teria se sentido naquela noite.

Novas
Anotações

Melissa estava em frente ao *notebook* conversando com os amigos de sua rede social. Trocava informações e o tempo todo olhava para o celular, na esperança de ouvi-lo tocar ou de receber alguma mensagem. Sabia ela que Léo estava em busca do caderno. Tinha essa convicção porque o amigo não estava conectado, ao contrário de Tuba, que ficava postando frases provocando seus amigos.

Na pauta não faltavam assuntos. Reclamação de alguns professores, fofocas sobre quem estava apaixonado por quem, bronca com os pais e as conversas fluíam naturalmente. Melissa trocava informações com uma amiga, quando ouviu um assovio, indicando uma nova mensagem no celular.

Rapidamente pegou o aparelho e leu a mensagem: "Tudo certo, aguardo vocês às 4 horas lá em casa. Beijos, Léo". Melissa percebeu que Tuba também havia recebido o texto e despediu-se dos amigos que estavam conectados, alegando que tinha de estudar.

Conforme o combinado, Melissa e Tuba chegaram à casa da dona Luiza no horário exato que haviam combinado. Quando entraram no quarto, viram o amigo com o caderno aberto, indignado, e perceberam a aflição dele para dar as novas notícias.

Levantou-se, foi em direção a Tuba, entregou-lhe o caderno e pediu:

— Leia em voz alta para que Melissa tenha o "prazer" de ouvir – determinou.

Tuba agradeceu, abriu o caderno, correu a primeira folha e, antes de ler para a amiga, não conseguiu segurar a indignação.

— Esse cara é pirado ou está brincando conosco!

— Pare de fazer graça e leia logo! – gritou Melissa, não aguentando mais de tanta curiosidade.

O rapaz acenou positivamente com a cabeça, deu um passo para trás e começou:

— Como Deus criou o Universo?

— Podemos conhecer o modo da formação dos mundos?

— Todos os globos que circulam no espaço são habitados?

— A constituição física dos diferentes globos é a mesma?

Nenhuma palavra foi ouvida no quarto durante alguns minutos. As novas perguntas eram tão provocantes quanto aquelas que tratavam da existência de Deus. Os três novamente estavam frente a frente com mais um desafio. Desta vez, o alvo era o universo e seus mundos.

Melissa foi a primeira a se manifestar:

— Para mim, o Taturana sabe que estamos lendo o caderno e está brincando com a gente. Não vejo outro motivo para esse cara elaborar questões como essas. Ele está querendo mexer com a nossa inteligência!

Ela foi em direção à cama e deitou-se olhando para o teto, na tentativa de entender as razões do Taturana.

Enquanto isso, Tuba colocou o caderno em uma escrivaninha e deu sua opinião:

— O cara pensa mais do que aqueles filósofos que os professores mandam a gente estudar. Puxa vida, desta vez ele forçou a amizade! Que facilidade tem esse sujeitinho para confundir os miolos!

Léo pegou outro caderno e uma caneta para copiar as questões. Assim que terminou, pediu aos companheiros para aguardar, pois era necessário levar o material do Taturana de volta.

Pegou a chave do portão da casa da sua avó e partiu. Melissa e Tuba aguardaram e, durante esse intervalo de tempo, tentaram conversar sobre as novas questões. Quando Léo retornou, conversaram um pouco e, devido ao horário adiantado, deixaram para propor as possíveis soluções no dia seguinte, isto é, se fosse possível encontrar respostas em um período tão curto de tempo.

O Universo e os Mundos Habitados

Quando Melissa acordou, ela dificilmente precisava do despertador para isso, a primeira coisa que veio à sua mente foram as mais recentes indagações do vizinho transitório do amigo Léo.

Por várias vezes, ela ouvira pessoas conversando sobre a possibilidade de vida em outros mundos. Existem aqueles que aceitam e defendem a ideia com convicção, e também outros que descartam totalmente essa possibilidade.

Esse assunto jamais tinha sido pauta de suas reflexões. Em momento algum de sua jovem vida ela, ao menos, tivera uma conversa sobre esse tema. Além da vida em outros mundos, Taturana fora ousado demais em querer saber como Deus tinha criado o universo.

Enquanto escovava os dentes, raciocinava sobre a possibilidade de que aquilo tudo fosse somente para desviar a atenção dos três amigos. No imaginário dela, Taturana era ainda uma pessoa perigosa e estava querendo ganhar tempo, tirando o foco de suas atividades.

Voltou novamente o pensamento para as perguntas. "Onde ela encontraria as respostas? Faria uma pesquisa na internet?" O problema é que as fontes da internet nem sempre eram confiáveis. E por tudo o que estava acontecendo, ela desejava conversar com alguém para confirmar a veracidade de suas pesquisas.

Sabia que seus pais não se interessavam pelo assunto e, com certeza, dariam respostas rápidas para despistá-la. Enquanto fazia a refeição, ouvia-os conversando sobre as

CLEBER GALHARDI | 95

notícias que liam no jornal. Falavam sobre a economia e discutiam o artigo de um professor de uma universidade que alertava sobre uma possível crise.

O tema era muito chato para ela. Enquanto eles conversavam, seus pensamentos giravam em torno de seu problema: "Como estariam Tuba e Léo? Será que eles tinham pensando no assunto?". Viajava nos pensamentos quando soltou, em voz alta, algumas palavras:

— JÁ SEI...! Como não pensei nisso antes?!

Os pais de Melissa pararam a conversa e olharam assustados para a filha.

— Sabe o que, filha? – desejou saber o pai.

Percebendo o espanto dos seus pais com o grito que dera, a menina rapidamente arrumou um jeito de contornar a situação:

— Desculpe. É que estava tentando encontrar um tema para a minha redação. A professora deixou o tema livre e agora sei o que vou escrever. Mamãe, vamos?

— Sim, filha, terminei o café. Vou buscar minha bolsa e a deixo na escola.

A caminho da escola, dentro do carro, Melissa observava a natureza. A beleza das plantas e sua diversidade apontavam uma sabedoria incrível do Criador. Impossível que nós, habitantes do planeta, sejamos os únicos com a possibilidade de admirar as estrelas, os pássaros, enfim, tudo o que nosso planeta e o universo nos proporcionam. E como Deus teria criado tudo isso?

Após uma breve viagem pelos pensamentos, a garota pegou o celular e enviou um torpedo para os amigos: "Tive uma ideia. Encontrem-me na porta da escola". Quando chegou ao colégio, Melissa desceu do carro e viu os dois amigos conversando. Caminhou serenamente em direção a eles, cumprimentou-os e perguntou:

— Acharam alguma resposta?

Léo comentou que tentou várias opções, mas ainda precisava de ajuda. Eram perguntas profundas, e ele não se sentia capaz de respondê-las.

Tuba coçou a cabeça e olhou para os dois, abrindo um sorriso:

— Não contem comigo, preciso de ajuda para isso. Não tenho a menor ideia do que poderia responder. Daqui a pouco eu piro com essa história!

Melissa ouviu os comentários e falou sobre suas dificuldades. Contou sobre o quanto havia pensado no assunto, ao acordar, e que tivera um estalo sobre onde buscar as respostas. Expressou suas intenções e os dois acharam excelente a sugestão da amiga.

PROFESSOR MIGUEL

A intenção de Melissa, compartilhada pelos dois companheiros, era procurar o sr. Miguel, professor de Física. Ele era um homem calmo e paciente, e era amigo dos alunos. Sempre prestativo, ele gostava de ouvir seus "jovens aprendizes".

Com a folha nas mãos, o professor leu as questões, ajeitou os óculos e olhou para os alunos:

— Quem elaborou essas perguntas?

Os três não esperavam por isso. Não tinham combinado qual seria a justificativa para buscar o mestre e tentar solucionar o problema. Aliás, jamais poderiam contar ao professor Miguel quem era o verdadeiro autor das indagações.

Enquanto aguardava a resposta, que demorou a chegar, devido ao susto que os três levaram com a pergunta, o professor voltou os olhos para o papel. Após a pausa, Tuba antecipou-se aos outros e explicou:

— Tenho um tio que se acha mais inteligente que todo mundo. Conversando com ele, outro dia, e ouvindo-o contar vantagens, fizemos uma aposta. Quem de nós conseguisse elaborar o enigma mais difícil, a ponto de o outro não conseguir responder, ganharia um sorvete. Abri minha caixa de e-mail ontem e lá estava o enigma. Preciso responder e elaborar um para ele.

Melissa e Léo respiraram aliviados. Foram salvos por Tuba e admiraram a capacidade de improviso dele.

O professor sorriu e comentou:

— Entendi. Ele complicou sua vida. Pelo jeito, ele está disposto a gastar o seu dinheiro com sorvetes. Vamos tentar encontrar uma saída para vocês:

— Bom, meus amigos – começou —, segundo uma das principais teorias da Física, a do Big Bang, os milhões de galáxias que povoam o céu surgiram a partir de uma fantástica explosão cósmica. Por essa hipótese, os corpos celestes são consequência da transformação física dos fragmentos da explosão. Dizer como Deus criou o universo é ficar somente no campo das hipóteses. Eu arriscaria dizer, como uma pessoa crente em Deus, que essa explosão partiu da vontade do Criador. Lembram-se da frase bíblica "Deus disse: Faça-se a luz! E a luz foi feita?". Acho que isso traduz a forma como o Universo foi criado. Quanto à segunda indagação, sobre a formação dos mundos, vamos lá:

— Ao consumir todo seu hidrogênio, uma estrela começa a fundir hélio e depois outros materiais mais pesados. Passado certo tempo, isso causaria uma explosão. Devido ao enorme tamanho dessa explosão, os mais diversos elementos são espalhados pelo espaço. Na verdade, temos uma gigantesca nuvem de poeira, que depois sofre a ação da gravidade. Ela, a gravidade, vai juntando os elementos que flutuam no espaço, criando os planetas. Eu diria que os mundos se formam pela condensação da matéria disseminada no espaço. Entenderam?

— Sim – responderam os três.

Satisfeito com a afirmativa dos alunos, era hora de pensar sobre a vida em outros mundos. O professor Miguel respirou fundo, dando a entender que organizava as ideias, e deu a seguinte opinião:

— Se levarmos em consideração que existem bilhões de planetas no universo, por que seríamos o único planeta habitado? Qual a razão de termos tantos planetas? Deus não faz nada inútil. Provavelmente, esses planetas cumprem uma função. Acredito que, com o desenvolvimento da ciência, chegaremos a essa prova em um curto espaço de tempo.

Léo, Tuba e Melissa estavam hipnotizados com as palavras do professor. Desejando finalizar as repostas, Léo não se conteve e lembrou a quarta questão:

— A constituição física desses globos é a mesma?

O professor Miguel olhou para o menino com atenção, sorriu e comentou:

— Para chegar a uma conclusão sobre isso, usaremos a imaginação. Suponhamos que exista um planeta chamado... Tuba maior.

— Grato pela homenagem – balbuciou o garoto.

—Os habitantes possuem um nível maior de evolução. Por causa dessa superioridade, eles desenvolveram a capacidade de se comunicar pelo pensamento. Ali não há necessidade de alimentos sólidos, porque eles se nutrem praticamente do oxigênio. Por possuírem essa estrutura, têm um corpo mais sutil e assim por diante...

O professor fez uma pausa e chamou, novamente, a atenção deles:

— Agora imaginem o planeta Tuba menor. Lá todos têm um corpo pesado que precisa de alimento sólido. Muitas vezes, precisarão da força física para conseguir comida e, consequentemente, carecem de um organismo físico mais denso. Não desenvolveram a telepatia, por isso precisam do som e da fala. O restante fica para a imaginação de vocês...

O professor Miguel olhou para seus alunos e concluiu:

— Por essas rápidas comparações, podemos deduzir que a constituição física não é a mesma. Umas seriam mais grosseiras, enquanto outras extremamente sutis.

— Nossa, que legal! Nunca havia pensado nisso – manifestou-se Melissa.

Os três estavam felizes com as elucidações feitas pelo professor Miguel. Encontrar soluções coerentes para perguntas tão complexas não seria fácil. Agora eles estavam munidos de argumentos e poderiam dialogar com o Taturana, se é que isso seria possível.

Satisfeitos, despediram-se do mestre:

— Professor, muito obrigado, o senhor nos ajudou demais. Agora meu tio vai "quebrar a cara" comigo. Pode ter certeza de que irei surpreendê-lo.

— Que bom que o ajudei, Tuba. Pode contar sempre comigo. Depois dividimos o sorvete! – respondeu o professor sorrindo.

104 | O MISTÉRIO DA CASA

Após deixar a sala, o trio foi conversar em frente à escola. Se o Taturana tinha a intenção de distraí-los, ficaria decepcionado. Apesar das dificuldades que as perguntas impunham, eles tinham um amigo professor que era, na verdade, um sábio.

O orgulho estava estampado no rosto de cada um. Enquanto aguardavam o horário de retornar para casa, ficaram imaginando a grandeza de Deus e de tudo o que Ele criou. Inventaram mais uns planetas, deram nomes aos seres que neles habitavam, imaginaram criaturas, formas de alimentação, enfim, transformaram os conhecimentos do professor Miguel em estímulo para entender um pouco mais sobre a beleza que envolve Deus e Sua Criação.

Agora restava para o trio responder o principal: "Quais seriam os motivos daquelas perguntas? Quem eram aquelas pessoas? Viriam mais questões? Restava aguardar e dar um sentido àquilo tudo..."

Aula de Educação Física

No dia seguinte, à tarde, o telefone celular de Léo começou a tocar. Ele olhou e viu que a chamada era de Tuba e prontamente atendeu:

— Léo, você vai à aula de Educação Física hoje? Desculpe, esqueci de perguntar durante a manhã.

— Sim, hoje é dia de condicionamento físico. Faltei à aula passada e hoje preciso ir.

— Ótimo. Hoje de manhã fiquei com algumas dúvidas durante a prova de Matemática e demorei a sair da sala. Quando consegui, não encontrei você nem a Melissa.

— Ela saiu conversando com a Renata e achei melhor não interromper. Aguardei um pouco, vi que você iria demorar e fui para casa. Vemo-nos depois, certo?

— Sim, te encontro lá.

Na terça-feira, a aula era mista e a atividade transcorreu sem nenhum problema. Ao terminar a aula, alguns alunos seguiram para casa e outros ficaram conversando. Vários grupos se formaram, uns somente com meninas, outros só com meninos e também um grupo misto.

Léo foi beber água e, na volta, procurou localizar Tuba e Melissa. A menina estava conversando com umas amigas, enquanto o rapaz tirava onda com os amigos. Pela gritaria, com certeza, Tuba estava aprontando alguma brincadeira com eles.

Chegou próximo e foi convocado a participar:

— Léo, essa é para você responder – gritou para ele um dos meninos.

— O que é que está acontecendo?

Ele chegou junto à turma e começou escutar a conversa de Tuba:

— A professora sempre encontrava um menino dormindo na sala de aula. Ela chamou a atenção dele e avisou que, se o encontrasse dormindo novamente, daria nota zero a ele. No dia seguinte, a professora chegou e viu o menino com a cabeça apoiada nas mãos e os cotovelos sobre os joelhos: "Agora não tem desculpa, sua nota será zero!".

O menino acordou assustado e, no desespero, disse uma palavra. A professora se desculpou e foi embora. O que o aluno disse a ela?

A turma toda começou pensar na resposta. Como era uma única palavra não faltaram chutes para tentar acertar. Foram várias alternativas e nada de alguém adivinhar. Teve gente que falou "socorro!" outro arriscou "mamãe!" outro afirmou que ele mandou um beijo para ela.

O clima era o melhor possível. Uns riam outros falavam alto, até que o enigma foi se espalhando e mais pessoas se encostavam para ouvir a resposta. Depois de muita gente arriscar e não acertar, a pressão voltou para Tuba.

— Fala logo. Você está querendo nos torturar com isso! – pediu Juca.

110 | O MISTÉRIO DA CASA

Léo, com sua falta de paciência de sempre, não resistiu:

— Já tentamos de tudo, mate nossa curiosidade!

Tuba soltou uma gargalhada ao ver o desespero dos amigos. Vê-los quase implorando pela resposta era divertido. Percebendo que não conseguiria ficar mais tempo sem dar a solução, resolveu abrir o jogo.

— Vamos acabar com a curiosidade de todos. O que o menino falou para a professora foi... "Amém". Ela achou que ele estava rezando, desculpou-se e foi embora.

A maioria caiu na risada. Afinal, era impossível não admirar a criatividade do aluno. Após a resposta e muitas risadas, a conversa ainda prosseguiu por mais de 30 minutos até as turmas se dispersarem.

Léo pegou o celular, viu uma chamada perdida e retornou. Era dona Luiza, avisando que tinha feito suco de abacaxi com hortelã e sugerindo que ele convidasse Tuba e Melissa para provar. Ao ouvir o convite, os dois ficaram felizes e seguiram para provar o suco.

Um Novo
Susto

O percurso entre a escola e a casa de Léo não era longo, e os três conversavam alegremente sobre os exercícios da aula de Educação Física e as dificuldades que cada um havia encontrado. Também riram bastante do enigma proposto por Tuba e das respostas que surgiram nas tentativas de acerto.

Outro assunto que não faltou foi o Taturana. Um ponto positivo sobre as perguntas propostas era que eles estavam aprendendo a filosofar. Não tinham a menor ideia do enigma que envolvia a casa, mas os habitantes temporários estavam despertando neles o desejo de entender um pouco mais sobre a vida.

Eles ainda conversaram muito sobre a existência de Deus e a probabilidade de vida em outros mundos. Admiraram a forma como o professor Miguel abordou o tema. Melissa comentou que faria algumas pesquisas a respeito.

A dúvida sobre a intenção do grupo da casa permanecia. Melissa defendia que tudo não passava de uma tentativa de despistá-los; Léo comentava que, independente do que o grupo fazia, eles achariam a resposta; enquanto Tuba se divertia "batendo na tecla" de que o Tatu era realmente um bruxo.

Em um ponto todos concordavam: "Existia uma sabedoria muito grande na elaboração das perguntas". Todos aceitavam que, na maioria das vezes, perguntar pode ser muito mais difícil do que buscar a resposta. Uma questão bem elaborada abre a possibilidade de grandes descobertas...

Quando chegaram à casa de Léo, uma mesa farta os aguardava. O suco estava uma delícia e os pães que dona Luiza preparava eram ótimos. Esfomeados em razão das atividades físicas, os três comeram tudo o que podiam.

Durante a refeição, contaram a dona Luiza sobre os exercícios, a prova que haviam feito durante a manhã e a demora de Tuba em resolver algumas questões. Não deixaram de comentar sobre o enigma proposto por Tuba aos amigos, e isso fez com que dona Luiza soltasse uma gargalhada.

O tempo passou rápido graças ao clima agradável da conversa. Ao observar as horas, Melissa disse que precisaria ir embora. Tuba alegou que estava cansado, e que também iria para casa. Dona Luiza, que estava de saída para o supermercado, ofereceu-se para deixá-los em casa. Os dois adoraram o convite. Estavam cansados pelos exercícios, e agora o corpo pesava um pouco mais, graças à refeição feita.

Antes de sair, dona Luiza recomendou a Léo que tomasse banho e descansasse um pouco, ela não tardaria para o jantar. O rapaz foi com os amigos até a porta e aguardou os três partirem. Quando o veículo desapareceu, ele fechou o portão eletrônico e lembrou-se que precisava olhar a caixa do correio. Essa era uma das funções que sua mãe havia delegado a ele.

Léo pegou as correspondências, separou uma revista que sua mãe recebia mensalmente, algumas propagandas de produtos e no meio percebeu que tinha uma folha de papel dobrada. Ele pegou a folha e desdobrou-a para verificar do que se tratava. Quando olhou o papel, tomou um enorme susto. Correu para dentro de casa e olhou novamente. Parecia não acreditar no que lia...

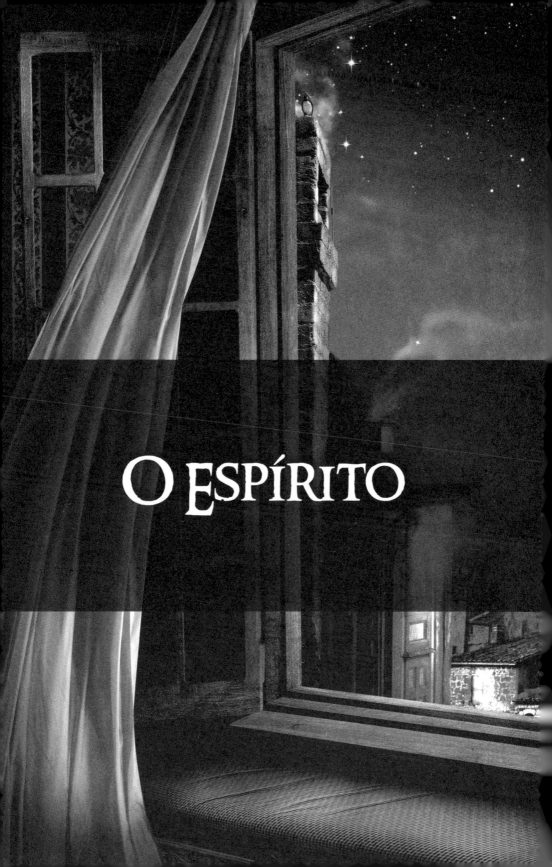

O Espírito

...Antes de se unir ao corpo, a alma é um dos seres inteligentes que povoam o mundo invisível e que revestem temporariamente um envoltório carnal para se purificar e se esclarecer.

...É a vida do Espírito que é eterna; a do corpo é transitória e passageira. Quando o corpo morre, a alma reentra na vida eterna.

Desta vez não foram perguntas enviadas. Na verdade, pareciam respostas a algumas perguntas. Léo ficou quieto durante alguns minutos. Pensou em ligar para os amigos e contar a novidade. Refletiu mais um pouco e decidiu aguardar, porque não teriam como se reunir, afinal, os dois tinham acabado de sair.

Quem havia colocado o papel na caixa de correspondências? Será que estavam realmente brincando com ele, conforme Melissa desconfiava, ou haveria outro interesse nisso? E qual seria?

O rapaz ficou assustado com aquilo. Não restavam dúvidas de que sabiam que ele e os amigos tinham lido o caderno. Era impossível uma coincidência dessas. Aparecer um texto com um tema desses em sua casa não era ao acaso. Alguém estava sabendo e queria algum contato com ele.

Olhou novamente as anotações, agora com mais calma. Chamou sua atenção o fato de que não eram perguntas, e sim afirmações. Por quê? Pensou mais um pouco e percebeu que desta vez não era necessário sair em busca de respostas, mas entender o texto.

CLEBER GALHARDI | 121

Léo ficou andando pela casa com a folha na mão. Chegou a imaginar que poderia ser algum amigo brincando com ele. "Será que Tuba ou Melissa falaram sobre o Taturana com alguém, e essa pessoa estava tirando onda com ele?" Era pouco provável essa hipótese. Ele conhecia seus amigos e sabia que não contariam a ninguém o que estava acontecendo. Vendo que de nada adiantaria ficar agitado naquele momento, ele tomou a decisão de aguardar. Falaria com Tuba e Melissa no dia seguinte.

Olhou para o relógio, lembrando-se de que dona Luiza chegaria em breve e ele não estava de banho tomado. Correu para o chuveiro.

NO SHOPPING

A turma da escola sempre ia ao shopping, aos sábados, para passear. Lá conversavam muito, iam ao cinema, olhavam as vitrines e sempre tinha os apaixonados que admiravam seu par.

Ao descer do carro, Léo foi apressado para o local onde costumeiramente encontrava os amigos de sala. Identificou Tuba e Melissa e correu ao encontro deles. Ao se aproximar sorriu e fez um sinal para que os dois o seguissem em direção a um banco não muito distante.

Quando se sentaram, Léo tirou a folha do bolso e mostrou a Melissa. Ela leu e passou o papel para Tuba.

— Onde você arrumou isso? – quis saber Tuba.

Léo contou aos amigos como aquela folha chegou às suas mãos. Os dois se olharam intrigados com a história do rapaz. Melissa o esperou terminar e falou:

— Agora temos certeza de que eles sabem que estamos de olho. Não entendo as razões para eles proporem esses temas.

Melissa baixou a cabeça pensativa e ouviu Tuba comentar:

— Para mim, esse pessoal é maluco mesmo!

Próximo de onde estava o trio existia uma livraria, um espaço bonito, com poltronas bem confortáveis. Tuba convidou os dois para conversar em um lugar mais agradável, e foi para lá que seguiram. Quando se instalaram, passaram a folha, de um para o outro, lendo novamente aqueles comentários.

Melissa foi a primeira a se manifestar:

— Esse negócio fala que nós existimos antes de nascer e que povoamos o mundo invisível. Então eu existia antes de aparecer no ventre de minha mãe?

Tuba virou para a amiga e complementou:

— Se eu entendi, depois da morte nós voltamos para esse mundo invisível. Quer dizer que eu serei um fantasma? Buuuuuuuu!!!!!! – falou em voz alta erguendo os braços e indo em direção à Melissa. Depois arrematou:

— Está decidido. Ou neste mundo, ou no outro, você será a minha esposa!

Acostumada com as brincadeiras do amigo, ela sorriu e o mandou voltar para a poltrona. Léo, que observava os dois, entrou na conversa:

— E nós somos espíritos eternos... Acho que as perguntas sobre vida em outros mundos começam a fazer sentido. Se formos eternos, existe a possibilidade de vivermos em outros planetas, em outros níveis de matéria, como afirmou o professor Miguel.

Melissa completou o pensamento do amigo:

— Até que não é ruim. Imaginem que somos algo que está além do corpo físico... Um ser que continua existindo após a morte. Poderíamos reencontrar nossos entes queridos, que morreram antes de nós. A vida seria mais leve sabendo que estamos aqui apenas de passagem.

Indignado e confuso, Tuba interrompeu:

— Gente, o que será que o Tatu quer de nós? Precisamos dar um jeito de descobrir se foi ele ou não quem deixou esta mensagem na casa do Léo! Acho que deveríamos ir até eles e abrir o jogo de uma vez!

— Ao invés de clarear as coisas, parece que elas, cada vez mais, se complicam. Isso está me irritando! – continuou.

— Não podemos nos precipitar agora. Se formos lá conversar com eles corremos o risco de estragar tudo. Eles podem inventar alguma desculpa para nos enganar. Melhor aguardar e continuar investigando – disse Léo, acalmando os ânimos.

O mistério permanecia. Quanto mais o tempo passava, mais o trio tinha a sensação de estar em um labirinto, sem saber para onde seguir. Ficaram mais um tempo conversando, e o enigma ganhava proporções cada vez maiores.

Haveria algum sentido em tudo o que estava acontecendo? Esse era o ponto sobre o qual aqueles três jovens estavam debruçados.

A Surpresa
de Melissa

Uma semana se passou sem nenhuma novidade. Envolvidos nos estudos e nas diversões costumeiras, os jovens não registraram nenhum fato relevante que chamasse a atenção para os recados do Taturana. No intervalo da aula, o trio retomou o assunto:

— Há uma semana não temos manifestação do bando. Também não percebi nenhum movimento na casa. Será que eles se mudaram?

— Acho que não, Léo. Se mudassem de casa, o movimento seria grande e chamaria a atenção.

Tuba acompanhava a conversa sem falar nada. Interrompeu os amigos, chamando-os à atenção para o som da sirene, que indicava o término da aula. Deu um tapa nas costas dos amigos, com ambas as mãos, e saiu correndo:

— Quem chegar por último é mulher do sapo!

Entrando no espírito da brincadeira, os dois correram, e quem ficou para trás foi Melissa. Fez um esforço grande, mas ficou bem distante dos meninos.

Quando viu que ela ficou para trás, Tuba foi ao seu encontro:

— Prazer, meu nome é sapo! Pode virar minha mulher!

Acostumada com o amigo, ela olhou para ele e respondeu:

— Então saia pulando e retorne para sua cadeira.

Os amigos que acompanhavam a cena riram, enquanto Tuba virou em direção à sua cadeira e saiu dando saltos com as mãos no chão, as pernas flexionadas, imitando um sapo, aumentando, assim, o riso de todos.

Melissa, que se divertia com a cena, voltou-se para a frente para arrumar o material que estava sobre a carteira. Quando puxou o caderno, percebeu que havia alguma coisa embaixo dele. Ergueu-o e viu uma folha dobrada.

A menina sentiu um arrepio no corpo. O coração começou bater aceleradamente, enquanto observava o papel. Virou-se em direção aos amigos e percebeu que eles não estavam olhando para ela. Tuba e Léo sentavam bem próximos um do outro.

— Psiu!

Quando o dois a olharam, ergueu o braço mostrando a folha.

— Encontrei em cima da minha carteira. Será que é mais um comentário do Taturana?

Léo e Tuba arregalaram os olhos e pediram para que ela lesse o que estava escrito. A professora, que estava falando havia algum tempo, percebeu o movimento dos três e foi em direção à menina. Viu que eles estavam entretidos com a folha e tomou-a da mão de Melissa.

— No fim da aula, devolvo a você. Agora, volte sua atenção para a aula, mocinha!

Léo deu um soco na carteira. Estava inconformado com a atitude da professora. E se ela resolvesse não devolver a folha? Será que era mais um recado do bando?

Tuba, que acompanhava a cena, puxou o braço do amigo:

— Você acha que é mais uma do Taturana?

— Não sei. É melhor ficarmos quietos e aguardar o fim da aula. Se continuarmos conversando, ela pode não devolver a folha.

Os dois ficaram quietos na tentativa de prestar atenção na aula. Obviamente que nenhum dos três conseguia se concentrar. Os pensamentos deles estavam acelerados, estimulados pela curiosidade. E o tempo parece não passar para os que têm pressa! Parecia que aquela aula não teria fim.

Esgotado o tempo de aula, a professora dispensou os alunos e foi em direção a Melissa:

— Aqui está o seu papel. Não repita isso na próxima aula. Quando nos dispersamos no estudo, corremos o risco de não aprender!

A menina pegou a folha de papel, agradeceu a professora e seguiu em direção à porta, acompanhada de perto pelos dois amigos. Quando chegaram à saída, ela parou e abriu desesperadamente a folha. Assim que tomou conhecimento do texto, fez uma cara de irritada e disse para os dois:

— Não acredito! Só pode ser brincadeira!

Entregou a folha para Léo, que correu os olhos pelo texto, olhou para Tuba e, antes de passar para ele ler, rapidamente falou:

— Você não vai acreditar...

Desesperado para saber o que estava acontecendo, o menino puxou o texto da mão de Léo, viu o que estava escrito e murmurou:

— Por essa eu não esperava, jamais imaginei uma coisa dessas!

Os três ficaram mais de um minuto sem dizer uma palavra.

A Carta

Melissa estava olhando para o papel com um ar de quem não sabia o que dizer.

Querida Melissa.

Há muito tempo que eu quero te dizer uma coisa e não tenho coragem.

Todos os dias, fico admirando você a distância.

Espero você chegar à escola e a acompanho, com os olhos, até a sala de aula.

Fico com inveja de seus dois amigos, Léo e Tuba, que estão sempre ao seu lado. Adoraria participar da conversa de vocês e imagino o quanto deve ser bom.

Sou apaixonado por você.

Desculpe a minha sinceridade e o jeito que escolhi para te dizer isso.

Não sei como olhar para você amanhã. Sou uma pessoa tímida e tenho medo da sua reação.

Não fique brava comigo, por favor.

Depois desta carta, posso falar tudo pessoalmente, se você quiser.

Beijos.

Pedro.

— Meu Deus, que raiva! Fiquei tão curiosa, levei bronca da professora esperando mais um contato com o Taturana e descubro que o Pedro está apaixonado por mim!

Léo olhou para a amiga, sem conseguir disfarçar a frustração:

— Estava na esperança de receber mais notícias. Não posso esconder que estou gostando dos desafios. E outra coisa: temos de solucionar esse mistério! Não podemos deixar escapar nenhuma oportunidade de saber o que acontece naquela casa. Estava certo de que era mais um contato.

— O pior, nessa história, sobrou para mim. Vivo perdido com os enigmas do Tatu, sou sempre o último a encontrar alguma resposta e agora descubro que tenho um concorrente. Meu Deus, é muita tragédia para o mesmo dia! – emendou Tuba.

Desta vez, Melissa não disse nada sobre as considerações do amigo. Na sua cabeça, além da frustração, estava com mais um problema. Ter de conversar com o Pedro e dizer que ele não tinha nenhuma chance.

— Quer saber de uma coisa? Vou agora mesmo falar com ele!

— O que você vai dizer? – quis saber Tuba.

— Fique tranquilo. Vou dizer que ele não tem chance alguma.

Ufa! Que bom. No fundo sei que você me ama.

— Pare de falar besteira. Tenho problemas demais e não queira ser mais um – desabafou a menina.

Melissa seguiu em direção à uma roda de amigos e chamou Pedro de lado. O rapaz ficou com as bochechas vermelhas e foi conversar com ela, sentindo o coração disparado. Ela mencionou a carta, agradeceu as palavras gentis e disse que gostava dele como um amigo, e nada mais do que isso. Triste, Pedro agradeceu a sinceridade da menina e, chateado, despediu-se da turma.

Tuba e Léo acompanhavam tudo a distância. Apesar de conhecerem bem a amiga, não comentaram nada, mas, sentiram uma ponta de ciúmes. Gostavam da amizade dela e não queriam perder sua companhia.

Vendo a reação de Pedro, logo perceberam o que havia acontecido e aguardaram para, juntos, caminhar mais um pouco e retornar aos seus lares. Os dois estavam aliviados, e ela agora queria esquecer aquilo tudo.

A Pesquisa

Melissa tinha o hábito de chegar em casa e ir ao encontro de sua mãe. Enquanto aguardavam o pai para o almoço, ela resumia as aulas para sua genitora. Essa foi uma prática adotada para que Melissa prestasse mais atenção às aulas e que também servia para intensificar aquilo que estava aprendendo.

Falou sobre as aulas, sobre as conversas que havia tido com as amigas e não deixou de falar sobre a declaração de amor que Pedro deixara sobre sua mesa. A mãe sorriu do fato e procurou não supervalorizar o ocorrido, parabenizou-a pela beleza que possuía e também pela forma honesta com que conversou com o amigo de sala.

Após o almoço, a menina gostava de ir para o quarto e descansar um pouco, cochilava uns 20 minutos e, após o descanso, começava a fazer o dever de casa. Naquele dia, ela tinha várias atividades para resolver. Pegou os livros, um caderno que ela utilizava para as anotações em sala de aula, ligou o *notebook* e acessou a internet.

Na medida em que encontrava referências úteis para os estudos, Melissa copiava e salvava as informações em um arquivo de texto para depois, com calma, separar esse material que serviria para os trabalhos e as demais atividades que os professores solicitavam.

Enquanto selecionava, Melissa sentiu uma alteração em seu corpo. A cabeça parecia pesada, sentiu um leve torpor, percebeu a mão formigar e, por um instante, teve a impressão de que cairia no sono. Em seguida, retomou a lucidez e achou melhor levantar e dar um tempo em sua atividade.

Ligou a TV e começou a passar os canais para encontrar um programa que pudesse distraí-la. Apertou várias vezes o botão "seletor de canais" do controle remoto e, por fim, desistiu. Nada que estava sendo transmitido chamara sua atenção, e achou melhor voltar ao estudo.

Melissa voltou a organizar o material que havia selecionado. Abriu o arquivo que salvara as informações, leu os textos, fez alguns grifos e apagou os trechos que não seriam utilizados.

Tudo estava conforme o previsto, até que a menina parou em determinada parte do texto e não entendeu o conteúdo. Leu novamente e, quando conseguiu entender o que estava escrito, deu um salto da cadeira. Arregalou os olhos, chegou mais perto da tela, não acreditando no que via.

Num impulso, abriu o navegador da internet, foi à página de onde extraíra o material e começou a comparar os dois textos. Tudo estava de acordo, quer dizer, quase tudo.

Assustada, enviou os textos para a impressora. Pegou a página impressa, leu novamente e sentiu um arrepio no corpo todo. Com medo, desligou o computador.

O sol estava alto no horizonte, informando que a noite demoraria e Melissa não teve dúvidas. Passou a mão no telefone e ligou para Tobias.

— Tuba, sou eu. Seria possível que você e o Léo viessem à minha casa o mais rápido possível?

— Claro que sim. Aconteceu alguma coisa? – o rapaz questionou curioso.

— Prefiro falar com vocês pessoalmente.

— Ok! Ligarei para o Léo e, se não houver impedimento da parte dele, em breve estaremos aí.

Melissa desligou o telefone e foi para a frente da casa aguardar a chegada dos dois. Cerca de uma hora depois, avistou Léo e Tuba. Convidou os amigos para entrar e foram direto para o quarto dela.

Novo Desafio

Enquanto Melissa conectava a internet para acessar o site que havia pesquisado, Tuba, sem saber o que estava acontecendo, demonstrando ciúmes, questionou a menina:

— Não venha me dizer que o Pedro resolveu dar notícias novamente? Esse rapaz está tirando o meu sono!

— Esqueça isso. Você viu que conversei com ele e está tudo certo. Eu o acho um menino legal, nada mais que isso. E outra coisa, ainda sou muito nova para namorar. Terei tempo para isso daqui a uns anos.

Tuba percebeu que Melissa não estava brincando. Ele era acostumado a vê-la reagir com naturalidade diante de suas graças, mas desta vez ela elevou o tom da voz, demonstrando que não estava a fim daquele tipo de conversa. Disse o que pensava de Pedro e, ao mesmo tempo, mandou um recado para ele. Vendo que o momento não era para piadas, decidiu ficar calado.

Melissa focou na página que estava abrindo. Léo também não estava entendendo o que acontecia. Como conhecia a amiga muito bem, percebeu que ela contava com algo sério para tratar com os dois. Achou melhor ficar na dele e aguardar.

Quando localizou o texto que queria, a menina puxou duas cadeiras em frente ao *notebook*, para que ambos pudessem acompanhar a leitura que ela faria. Eles se posicionaram e Melissa, com a folha impressa nas mãos, começou ditar as palavras enquanto Léo e Tuba conferiam na tela. Em determinado momento, Léo a interrompeu:

CLEBER GALHARDI | 149

— Você leu um pedaço que não consta aqui.

Melissa, foi em direção aos dois e mostrou a folha, dizendo:

— Pois é... Como vocês podem ver, não existe no texto original essa parte. Não faço a mínima ideia de como essas perguntas vieram parar no arquivo que eu salvei. Eu copiei e colei, como sempre faço.

— Vocês sabem que prefiro selecionar tudo primeiro para depois filtrar o que servirá para os trabalhos de escola. Quando fiz a conferência, vi que essas questões não faziam parte da pesquisa e, muito menos, da página original extraída da internet. Elas, simplesmente, apareceram dentro do arquivo que eu criei.

Tuba puxou a folha que estava nas mãos de Melissa e leu em voz alta:

A alma tem, pois, várias existências corporais?

— Sim, todos nós temos várias existências. Os que dizem o contrário, pretendem vos manter na ignorância em que eles próprios se encontram; é seu desejo.

Qual é o objetivo da reencarnação?

— Expiação, aprimoramento progressivo da Humanidade, sem o que, onde estaria a justiça?

O número de encarnações é o mesmo para todos os Espíritos?

150 | O MISTÉRIO DA CASA

— Não, aquele que caminha depressa se poupa das provas. Todavia, essas encarnações sucessivas são sempre muito numerosas porque o progresso é quase infinito.

Tuba terminou de ler e olhou para a amiga, tentando entender o que aconteceu.

— Quer dizer que você copiou tudo, colou em seu arquivo e, quando foi ler a cópia, essas perguntas apareceram?

— É difícil de acreditar, eu sei, mas foi exatamente assim. Estou desconfiada de que o Taturana tem acesso ao meu computador. Parece que ele deu um jeito de colocar essas questões dentro do meu arquivo.

— Uauuu! – Tuba balbuciou.

Léo acompanhava o diálogo e deu sua opinião:

— Ontem teve reunião na casa. Percebi a movimentação, dei uma olhadinha e não constatei nada diferente do habitual. O que está me deixando intrigado é que, no momento em que você colava as informações, ele inseriu as perguntas, praticamente ao mesmo tempo.

Novamente, o trio estava frente a frente com um dilema. Não sabiam como fora possível o grupo do Taturana invadir o *notebook* de Melissa e inserir novas perguntas. Tudo conspirava para deixar os três amigos sem a menor noção sobre as verdadeiras razões de estarem envolvidos naquele mistério.

E agora uma novidade aparecera. As perguntas estavam acompanhadas das respostas. Qual o motivo?

REENCARNAÇÃO?

Tuba olhou para as questões, deu uma coçada na cabeça e ficou pensativo. Novamente, seus pensamentos estavam tumultuados. Não conseguiu segurar as palavras:

— Pelo menos desta vez o Taturana nos poupou trabalho e já enviou as respostas. Acho que ele não acredita que seríamos capazes de responder.

Melissa deu de ombros e comentou:

— Acredito que ele não quis exagerar no susto. A invasão no meu computador é o suficiente para mostrar que possui recursos sofisticados. E que nos segue em qualquer lugar. Daqui a pouco, nem nosso celular escapa. Não duvido que o próximo contato seja por mensagem de texto.

— E o que vocês pensam sobre esse negócio de reencarnação? – entrou na conversa Léo.

— Na mensagem anterior, ele disse que somos um espírito eterno. Agora completa a informação dizendo que voltamos ao corpo inúmeras vezes – refletiu Melissa.

— E o objetivo seria o aprimoramento. O espírito volta várias vezes para melhorar, progredir, conforme ele assinalou. E, pelo jeito, cada um progride em um ritmo e pode voltar quantas vezes forem necessárias – completou Léo.

— Gostei disso – falou Tuba entusiasmado. – Vejo que ainda tenho salvação. Posso não ser tão inteligente quanto a Melissa, mas um dia, ou após várias encarnações, terei a mesma capacidade que ela.

A menina sentiu-se orgulhosa dos elogios recebidos. Não conseguiu esconder a alegria que Tuba provocara e observou:

— Quando temos amigos verdadeiros, somos mais felizes! Obrigada pelas palavras e não se esqueça de que as oportunidades são as mesmas, basta que você acredite em seu potencial e se exercite. Segundo o Taturana, "aquele que caminha depressa se poupa de algumas provas".

— Estou gostando dessa tal reencarnação, parece que ela demonstra a verdadeira justiça divina – interrompeu Léo.

— Ainda não encontro nenhum argumento capaz de diminuir minha curiosidade sobre o Tatu e suas mensagens. Além de bruxo, o cara ainda fica bisbilhotando nossas vidas! – comentou Tuba.

— Ele fala de alguns temas que eu jamais havia visto. Temos conversado sobre coisas que eu nunca imaginei! – novamente Léo se manifestou.

— Onde vamos parar com essa história não sei, porém, vamos provocar muito nossos neurônios! – alertou Melissa.

Tuba concentrou-se no fato de voltar novamente para a Terra, pela reencarnação, procurando, assim, visualizar que existiria sempre. Isso era realmente inovador. Quando percebeu a importância dessa constatação, viu que a vida era infinitamente valiosa.

Não podemos fugir do fato do que vivemos e, a cada dia, caminhamos para a morte. Agora a ideia era do mesmo modo, com a diferença de que temos a certeza de continuar existindo e que vamos passar por muitas e muitas reencarnações neste planeta e também em outros.

Ao cair em si novamente, desligando-se do turbilhão de pensamentos, Tuba foi em direção ao computador, calado, e começou digitar uma mensagem.

Léo e Melissa não entenderam a ação dele e ficaram observando para descobrir o que estava fazendo.

A Mensagem
de Tuba

Enquanto digitava algo no computador, Tuba não falou nada com os dois amigos, estava concentrado. Os dois respeitaram o colega e aguardaram-no terminar a mensagem. Assim que parou de digitar, Tuba olhou para os dois, deu um sorriso e leu o que tinha digitado:

Prezados senhores:

Temos motivos mais do que suficientes para saber que vocês estão nos acompanhando. Não sabemos como, mas é do nosso conhecimento que neste instante leem o que escrevemos.

Também desconhecemos as atividades que o grupo de vocês realiza e estamos curiosos para descobrir.

As mensagens chamam nossa atenção, e podemos afirmar que aprendemos com os temas que nos foram propostos.

Acho que passou da hora de termos um contato para esclarecer tudo o que está acontecendo, e esse é o motivo de escrevermos.

Pedimos que se apresentem ou, no mínimo, nos digam por que nos enviam essas mensagens.

Aguardamos contato.

Atenciosamente,

Leonardo, Tobias e Melissa.

Tuba deixou o computador de lado e olhou para os dois aguardando a reação deles. Léo não se segurou e disse:

— Ótimo. Acho que você teve uma excelente iniciativa. Se eles enviaram aquelas perguntas no arquivo de Melissa, com certeza estão lendo o que você digitou.

A menina aguardou a finalização dos comentários de Léo e deu a sua opinião:

— Concordo. Agora só nos resta esperar. Vamos beber um copo de água e depois voltamos para verificar se existe alguma resposta.

Na cozinha o assunto foi outro. No dia seguinte, seria o aniversário de Pedro, e os três foram convidados para a festa. Tuba e Léo estavam tirando onda com a amiga, e ameaçavam cantar o *Com Quem Será?* na hora de cortar o bolo. Melissa praticamente implorou para que não fizessem aquilo.

— É brincadeira – finalizou Tuba. — Eu não seria capaz de entregá-la a outro – completou sorrindo.

— Eu não... falo sério... e serei o primeiro a puxar a fila! – falou Léo.

— Chega de falar besteira. É melhor voltarmos para o quarto e verificar se temos alguma mensagem no computador. Precisamos solucionar logo esse mistério! – disse Melissa tentando escapar do assunto.

A caminho do quarto, Léo continuou a provocá-la:

162 | O MISTÉRIO DA CASA

— É com a Melissa que o Pedro vai casar!

Ela deu um tapa nas costas do rapaz e o empurrou em direção ao *notebook*. Tuba deu um puxão de orelhas nele. Léo sorriu, puxou a cadeira, abriu o computador e apertou a tecla para ligá-lo.

A COMUNICAÇÃO

Léo esfregou as mãos aguardando a iniciação da máquina.

— Acelera, companheiro! – brincou. – Você não imagina o quanto estamos ansiosos para ler a resposta do Taturana.

Nessas horas, qualquer segundo é uma eternidade. Dava a impressão que o notebook demorava três ou quatro vezes mais que o habitual. Quando finalmente iniciou, o menino virou-se para Melissa:

— Qual é o nome do arquivo?

— Mel.doc. Está na pasta "Material de apoio".

A agilidade do menino era tamanha que mal se viam os atalhos na tela. Rapidamente o arquivo estava aberto. Os três se amontoaram em frente à máquina e liam os textos à procura da resposta.

O último texto do arquivo era a carta de Tuba. Quando finalizaram a única coisa, o que restou para os três foi um suspiro, praticamente ao mesmo tempo, acompanhado da frustração. Infelizmente, não havia nenhuma resposta.

— Droga! – desabafou Léo.

— Vamos continuar na expectativa. O Taturana é muito bom em deixar as pessoas na curiosidade – completou Melissa.

— Melhor aguardar antes de cair no desânimo. Poder ser que ele não leu ou que está esperando o momento ideal – justificou Tuba, tentando animar os amigos.

O trio continuou o bate-papo, e chegou à conclusão que a qualquer momento o grupo faria contato. Não tinha sentido ficar enviando perguntas e afirmações e continuar no anonimato. Taturana era mestre na capacidade de surpreender e, provavelmente, estaria preparando a apresentação.

Tuba olhou para o relógio e avisou que era hora de voltar para casa. Léo concordou e, antes de partir, combinaram o horário de se encontrar no dia seguinte. O local seria a festa de aniversário de Pedro.

Novamente, Melissa advertiu os amigos sobre a música na hora de cortar o bolo. Eles sorriram e prometeram que nada fariam sem o consentimento dela. Aparentemente estava combinado, mas no fundo ela sabia que continuava correndo o risco de ouvir o *Com Quem Será?*

CONTATO?

Tuba estava exausto com os acontecimentos. Quando criamos uma expectativa muito grande sempre nos desgastamos energeticamente. Era assim que ele estava. Seu maior desejo era cair na cama.

Deitou-se bem mais cedo que o horário de costume. Consultou o celular, várias vezes, na esperança de encontrar uma chamada perdida de Melissa sobre alguma resposta à carta que ele tinha feito. Ainda restava a esperança de um contato do Taturana.

Antes de cair no sono, ficou pensando nos acontecimentos narrados por Melissa. Como seria possível invadir o computador dela? Será que o grupo já tinha lido a sua mensagem ou acharam, por bem, não responder? Depois de pensar um bocado de tempo, concluiu que não adiantava ficar tentando adivinhar a resposta, pois qualquer dedução em nada resolveria o problema.

Mudou o foco e passou a imaginar a festa de aniversário do Pedro. Riu ao se lembrar do medo de Melissa. Sabia que a amiga ficaria muito brava se alguém cantasse a música para ela. No fundo, percebeu que sentiria ciúmes dela, caso isso acontecesse. Mais uns minutos se passaram e ele adormeceu.

No meio da noite, despertou. Sem saber ao certo o motivo, sentiu uma vontade enorme de se levantar. Achou besteira fazer isso, mas tinha um impulso e não resistiu. Quando ficou em pé, olhou para a cama e levou um enorme susto.

Tuba viu o seu corpo na cama. Sem entender o que estava acontecendo, sentiu medo de ter morrido. Será que isso era possível? Gritou, porém, ninguém o ouvia. Quis voltar rápido para o corpo, mas não conseguiu.

Sem o domínio da situação, sentiu-se atraído para a rua. Agora percebia que seus pés não tocavam o chão, e sentia que uma força o arrastava para a casa de Léo. Viu a rua, identificou as residências e foi em direção à casa do amigo. Ao chegar próximo, percebeu que não deveria entrar e que o destino era a casa em que Taturana fazia suas reuniões.

Olhou para a porta e viu que um homem o convidava a entrar. Pelo porte físico e pelas sobrancelhas, identificou o Taturana. Ele levou Tuba para um quarto e indicou o canto da parede onde estava um antigo baú.

Fez um gesto para Tuba abrir o baú. Ele obedeceu e viu que dentro da peça tinha uma placa prateada. Puxou a placa para fora e a entregou ao homem.

Taturana voltou para a sala e pediu ao rapaz para acompanhá-lo. Quando chegaram próximo da mesa, o homem puxou duas cadeiras e sentaram-se.

— Recebi a mensagem de vocês, filho! – começou falar. – Concordo plenamente que está na hora de nos comunicar. Em breve, as respostas que vocês desejam serão apresentadas. Por ora, peço que leia a placa, aí está a resposta.

Tuba esticou o braço e pegou a placa que o homem oferecia. Quando olhou para ela, viu o que estava escrito: **OLE 1857**. Quando foi perguntar o que era aquilo, viu que o homem não estava mais ali, havia desaparecido sem deixar nenhum sinal.

Tuba deixou a placa em cima da mesa e retornou para casa. Entrou novamente em seu quarto, viu o corpo inerte e deitou-se sobre ele. Sentiu um tremor e despertou. Desta vez, saltou da cama e começou apalpar todo seu corpo. Percebeu o coração acelerado e tinha certeza de estar vivo. O que o intrigava era aquela sensação. Tudo parecia muito real. Teve a impressão de que o homem estava em seu quarto. Com medo, voltou para a cama e se cobriu. Dessa forma se sentia mais seguro. E, em breve, caiu no sono.

Amanheceu e o menino despertou. Pegou uma caneta e um caderno para não esquecer os dizeres que constavam da placa que ele viu no sonho, e anotou: OLE 1857. Olhou para as letras e os números. Qual o significado? Não sabia definir se fora apenas um sonho ou se era uma forma de contato. Na dúvida, falaria com Melissa e Léo para ouvir a opinião deles. Como era fim de semana e não haveria aula, preferiu aguardar a festa e falar pessoalmente a ligar.

FESTA DE ANIVERSÁRIO

A festa de aniversário do Pedro estava sendo realizada em um clube tradicional da cidade. Não tinha muitos convidados, a maioria era o pessoal da classe, seguido por parentes e amigos da família.

O salão estava com uma decoração especial, com luzes coloridas, uma máquina que soltava fumaça, balões infláveis e um *DJ* para controlar a música. A mesa estava farta, com bolo, salgados e doces.

Outro detalhe que chamava a atenção da galera era um campeonato de *videogame* que acontecia em um canto do salão. Um monitor organizava o torneio, que era eliminatório, permanecendo no jogo apenas o vencedor. Quem perdia era eliminado e precisava aguardar a próxima competição. Léo era notado aos gritos no *videogame*.

Melissa dançava enquanto Tuba conversava com uns amigos e aguardava a oportunidade ideal para encontrar os dois e contar sobre a noite anterior.

Após várias vitórias, Léo foi eliminado da competição. Ficou irritado quando ouviu os gritos dos amigos comemorando sua desclassificação. Resmungou um pouco e foi ao encontro da roda onde Tuba estava.

A música parou de repente. Ao som do microfone, o *DJ* convidou todos para cantar o *Parabéns a Você* e cortar o bolo de aniversário. Pedro, com o sorriso no rosto, parecia em êxtase. Era muito bom ser o alvo das atenções.

Léo encostou-se em Melissa, deu um sorriso e cochichou:

— Está preparada? O primeiro pedaço do bolo será para você! Depois, o *Com Quem Será* homenageará a amada do rapaz!

— Pare de ser chato e não invente nada desta vez. Lembre-se da promessa que me fez, tape a boca.

Ele sorriu e ficou observando o rapaz cortar o bolo e separar o primeiro pedaço. Todos aguardavam para ver quem ficaria com o primeiro pedaço. Pedro, calmamente, cortou o bolo e, num gesto surpreendente, dividiu a fatia em duas e ofereceu-as aos pais. Todos aplaudiram, os pais abraçaram o filho e, na sequência, a música voltou a tocar. Melissa respirou aliviada, era tímida e não queria passar o constrangimento de ouvir seu nome cantado pelos amigos. Tuba e Léo cumpriram a promessa e ficaram calados.

Para saborear o bolo, o trio calafrio escolheu uma mesa estratégica no meio do salão. De lá era possível ver as pessoas dançando e acompanhar as atividades do videogame. Melissa quebrou o silêncio:

— Valeu, mesmo, por não terem cantado, rapazes. Vocês mantiveram a palavra e me livraram de um constrangimento.

— Eu jamais faria isso com você! – disse Tuba.

— Eu bem que queria, mas fiquei com dó – brincou Léo.

— Confesso que estava com medo e, como o Pedro não tirava os olhos de mim, achei que algum engraçadinho fosse puxar o coro – concluiu Melissa.

178 | O MISTÉRIO DA CASA

Léo queria mudar de assunto e perguntou à amiga:

— Alguma novidade no computador? Temos alguma mensagem?

— Nada até agora.

Tuba viu a chance de contar o seu sonho. Falou todos os detalhes, narrou a forma como viu seu corpo, a sensação de flutuar em direção à casa do Taturana, o encontro e, finalmente, a leitura que fez da placa.

— Nossa, quer dizer que você viu o seu próprio corpo? – quis saber Léo.

— Sim, pensei que tivesse morrido. É difícil acreditar, eu sei, mas acho que essa história de sermos espíritos procede. Foi muito, muito real!

Melissa ficou pensativa sobre os dizeres da placa. "Seria possível que as letras e o número tivessem alguma ligação com o grupo do Taturana?" Ela começou a falar os dizeres em voz alta, mudando a entonação das letras:

— Olê, olê, olê, olê, um, oito, cinco, sete, dezoito, cinquenta e sete...

Tuba e Léo somente observavam. Cada um estava entregue aos próprios pensamentos e, por um instante, esqueceram-se de que estavam na festa.

— Gente, isso pode ser um endereço! Já Pensaram nisso?

— Como assim?

— Olegário de Lima Erleans, número 1.857 ou simplesmente a rua principal da cidade – complementou irônica.

— Você acha que é possível uma comunicação por meio do sonho? – interrogou Léo.

— Isso eu não sei. De qualquer forma, não há o que perder. O máximo que pode acontecer é chegarmos lá e não encontrarmos resposta alguma. E ainda resta a possibilidade de termos interpretado o sonho do Tuba de maneira equivocada. Não temos como afirmar que estamos no caminho certo.

Tuba entrou na conversa:

— Se é possível descobrir algo em sonho, não faço a mínima ideia. Afirmo, com certeza, que é possível sair do corpo de maneira consciente. Para mim não resta dúvida, salvo a possibilidade de eu estar louco.

Os três combinaram ir ao endereço no dia seguinte, após o almoço. Mudaram de assunto de novo, e voltaram a curtir a festa. Melissa foi com o Tuba para a pista de dança, enquanto Léo aguardava um novo campeonato de videogame. Ele era um excelente jogador e queria ter mais uma chance de vencer.

Rua Olegário de Lima
Erleans

No horário marcado, os três amigos estavam prontos para ir à procura do endereço. Antes de começar, eles entenderam que era melhor uma conversa para definir o que fariam.

— Precisamos olhar bem o local antes de entrarmos – orientou Melissa. – Não sabemos com que tipo de gente estamos lidando.

— Também acho – concordou Léo. – Não podemos nos esquecer de que vamos na confiança do sonho de Tuba. Nem precisa ser o grupo do Taturana, podemos ter o azar de encontrar qualquer tipo de pessoa perigosa.

Tuba acompanhava o diálogo e, por um instante, ficou com receio e conversou com os amigos:

— Prefiro verificar e voltar, independentemente do que nos aguarda. Eu não me perdoaria se colocasse vocês em perigo.

— Pensando bem, Tuba está certo. Vamos até o endereço, observamos, podemos até fazer umas perguntas aos vizinhos e voltamos para conversar com mais calma antes de definir o que fazer – falou Melissa.

Após chegarem a um consenso, os três colocaram-se a caminho.

Logo nos primeiros metros, foi possível constatar que demorariam a chegar ao destino. Primeiro foi Melissa, que não resistiu a uma loja de sapatos. Perguntou preço, chegou a provar alguns pares, enquanto os meninos a observavam.

Mais adiante, os três entraram em uma loja de eletrônicos. Perguntaram sobre os lançamentos de jogos e *videogames*, verificaram os novos celulares que estavam em destaque, as inovações dos aparelhos, os *tablets*, enfim, tentaram obter o máximo possível de informações sobre o mercado de eletrônicos.

Após visitarem várias lojas, retomaram o percurso. Andaram várias quadras e Melissa alertou os dois amigos:

— O número 1.857 fica deste lado da calçada. Não vamos precisar atravessar a rua.

— Como você sabe? – perguntou Tuba.

— Simples. Os números pares ficam do outro lado.

— Nada como estar ao lado de uma pessoa inteligente e observadora. Por isso gosto de você! – elogiou Tuba.

Ela sorriu e continuou andando à procura do número. Léo mantinha o silêncio, perdido entre os pensamentos sobre os jogos que gostaria de comprar. Enquanto caminhava na loja, momentos atrás, ele memorizava os nomes e agora estava elaborando uma lista de jogos que gostaria de conhecer. Mais alguns passos e o número dos estabelecimentos estava na casa dos 1.800. O coração de Tuba disparou e ele externou a sensação aos amigos:

— Meu coração está quase saindo do peito! Não sei se fico feliz por estar próximo ou se deixo o medo tomar conta de mim e fujo!

— Todos nós estamos assim. Agora é tarde para

desistir. Chegamos até aqui e não vamos desistir agora, respira fundo e vamos procurar o número 1.857 – disse Léo.

— Temos um acordo e não vamos deixar de cumpri-lo. Estamos próximos e combinamos de verificar com calma o local – falou Melissa referindo-se às conversas anteriores.

Os números aumentavam, e eles foram diminuindo os passos. Léo ia falando em voz alta:

— 1817, 1827, 1837, 1847 e, finalmente, 1857!

Os três pararam em frente ao número, olharam o prédio e entreolharam-se. A princípio, não se assustaram. Agora era hora de olhar e tomar a decisão.

— Não vejo necessidade de voltar para tomar a decisão – falou Léo.

Melissa acenou positivamente com a cabeça, falando em seguida:

— Também acho. O local não aparenta nenhuma irregularidade ou algo que nos ofereça perigo!

— Estou com vocês! – concordou Tuba.

Eles olharam novamente para a fachada da loja. Parecia que era a hora de começar a esclarecer os fatos. Com a decisão tomada, os três amigos precisavam agir.

Número

1857

O local que tinha o número 1.857 era uma livraria. À primeira vista, não havia nada que pudesse assustar. Parecia aconchegante. Algumas pessoas olhavam os livros na estante e outras compravam material de papelaria; tudo dentro da normalidade.

Léo deu um passo à frente e ficou observando para tentar encontrar algum rosto conhecido, principalmente, algum daqueles que ele via entrar na casa onde aconteciam as reuniões do grupo do Taturana. Não reconheceu ninguém, porém, sabia que poderia estar no fundo da livraria. Para acabar de vez com a dúvida, era necessário entrar.

Melissa e Tuba acompanhavam o amigo e tentavam encontrar algum movimento estranho, mas também não constataram nada de anormal à primeira vista.

O garoto olhou para os dois e convidou-os:

— Vamos entrar! Precisamos ver o preço do livro. Enquanto pronunciava as palavras em voz alta, piscou um dos olhos para que os dois concordassem que estavam ali apenas para comprar um livro.

Os dois entenderam o sinal e entraram.

Dentro da livraria, o trio observava a tudo e a todos atentamente. O local não era grande, e cada um foi para um lado, na tentativa de encontrar um sinal que denunciasse a presença de alguém do grupo. Cerca de 10 minutos depois, os amigos estavam juntos e conversavam em voz baixa:

— Não vi nada de anormal – disse Léo.

— Eu também não – respondeu Tuba.

— Acho que não há nada aqui que possa nos dar uma pista. Imagino que o sonho de Tuba foi apenas sonho, e não um sinal. Se vocês não se importarem, acho que podemos voltar e consultar meu notebook novamente para verificar se existe algum sinal do grupo – comentou Melissa.

A frustração era evidente no rosto deles. Depois das mensagens recebidas, eles estavam confiantes em que seria hora de desvendar o mistério. Mesmo que tivessem recebido o endereço por meio de um sonho, eles acreditavam na possibilidade de ser autêntico o recado.

Tuba estava confiante. Melissa e Léo perceberam que o rapaz tinha certeza de ter saído do corpo. Tudo conspirava para que, de alguma forma, fosse possível chegar a uma comunicação por meio dos sonhos. No entanto, após várias buscas, perceberam que não tinha mais nada a procurar naquele lugar. De comum acordo, entenderam que era melhor deixar a livraria e aguardar novas comunicações.

— Galera, peço desculpas por trazê-los aqui. Infelizmente, acho que foi coisa da minha cabeça – lamentou Tuba.

— Não diga isso. Qualquer hipótese precisa de verificação. Estamos em busca de algo que não sabemos, e toda pista, por mais estranha que pareça, precisa ser analisada – consolou o amigo Léo.

— Isso não vai nos desanimar. Pode acreditar que vamos achar as respostas que procuramos – disse Melissa.

— Vamos! – convidou Léo.

Os três direcionaram o olhar para a porta de saída. Léo era o primeiro da fila, seguido por Tuba. Melissa ficou a alguns passos para trás porque, antes de caminhar, pegou um livro para olhar a capa. Ao ver que os dois estavam um pouco distantes, apressou o passo.

Na pressa para alcançar os dois, a menina acelerou e, sem querer, bateu uma das mãos em uma pilha de livros, derrubando-a. O barulho foi tão alto que todas as pessoas da livraria olharam na direção dela.

Tuba e Léo, ao perceberem o que havia acontecido, voltaram para ajudar a amiga a pegar os livros que estavam no chão. Uma funcionária da livraria também foi ajudar Melissa. Constrangida, a menina se desculpou. Ao observar a capa do livro que estava empilhado, ficou emocionada: tinha a imagem de Jesus.

Enquanto os três arrumavam os exemplares, novamente ela resolveu dar uma folheada no livro. Ao abrir as páginas, passou a vista pelo texto. De repente, Melissa soltou um grito. Sentiu uma leve tontura, largou o livro no chão e segurou em Léo para não cair. Preocupados com a menina, Léo, Tuba e a funcionária da livraria ajudaram-na à ficar em pé e a conduziram até uma poltrona. A funcionária correu para buscar um copo d'água, enquanto os dois ficaram ao lado da amiga.

CLEBER GALHARDI | 191

— Calma que está tudo bem – disse Léo.

— O que aconteceu? – perguntou Tuba assustado com a cena.

Melissa respirou fundo, enquanto a funcionária chegou com a água. Ela bebeu um pouco e apontou para o livro.

— Traga-o, por favor. Vocês precisam ver o que está escrito ali.

Tuba correu, pegou um exemplar do livro e entregou-o para ela. A funcionária, ainda sem saber o que acontecia, somente observava. Melissa pegou o livro, folheou as páginas e, quando chegou à parte que queria, entregou o livro aberto a Léo. Assim que leu ele, não disse nada e passou-o para Tuba.

Agora os três estavam perplexos. O único som que ouviam era a respiração deles, acelerada. Ninguém ousou dizer uma palavra durante uns cinco minutos. A funcionária, notando o espanto deles, percebeu que seria melhor deixá-los sozinhos. Disse que estaria à disposição se precisassem de alguma coisa, e saiu para realizar outras tarefas.

O Livro

As coisas pareciam estar se esclarecondo. Agora, sem a presença da funcionária da livraria, os amigos estavam à vontade para continuar a investigação, que ganhava um tom especial com o encontro daquele livro.

Com o exemplar nas mãos, Tuba fez uma leitura rápida de algumas páginas, ao mesmo tempo que Léo observava Melissa. O rapaz virava as páginas com uma velocidade incrível, na ânsia de entender o que lia e o que significava aquilo.

— Meu Deus! O sonho realmente nos trouxe ao lugar certo! Tínhamos algo para encontrar aqui – exclamou.

Ainda em estado de choque, leu para os amigos:

— Que é Deus?

— Deus é a inteligência suprema, causa primeira de todas as coisas.

Virou a página e continuou:

— Onde se pode encontrar a prova da existência de Deus?

— Num axioma que aplicais às vossas ciências: não há efeito sem causa. Procurai a causa de tudo o que não é obra do homem, e vossa razão vos responderá.

Folheou o livro novamente:

— Será dado, um dia, ao homem compreender o mistério da Divindade?

— Quando seu Espírito não estiver mais obscurecido pela matéria e, pela sua perfeição, estiver próximo Dele, então, ele O verá e O compreenderá.

As questões eram as mesmas que estavam no caderno do Taturana. Parece que ele estava querendo que eles encontrassem a fonte de onde ele retirava as perguntas. Será que todas as perguntas ele havia retirado dali? E por que desejava que eles encontrassem esse livro?

Após a leitura, o garoto fechou o livro e leu o título: O Livro dos Espíritos. Uma obra composta, em sua maior parte, de um conjunto de perguntas e respostas. O nome era extremamente interessante.

— Amigos, parece que temos um novo mistério pela frente – disse a Léo e a Melissa.

— Minha sugestão é que devemos ir para minha casa e verificar o meu computador. Precisamos confirmar se existe alguma informação e comunicar o grupo que encontramos o livro.

— Bem pensado, Melissa. Provavelmente, vamos ter alguma coisa lá. E precisamos aguardar as instruções deles. Vou verificar o preço e comprar o livro. Com certeza, precisaremos dele – falou Léo.

Léo foi até o balcão onde estava a moça que socorreu Melissa, conversou com ela e comprou o livro. Agradeceu a cordialidade dela, quanto ao atendimento proporcionado à amiga, e despediu-se da atendente.

196 | O MISTÉRIO DA CASA

Fez um sinal convidando os companheiros a sair da livraria. Eles foram ao seu encontro e deixaram o estabelecimento. O caminho de volta foi mesclado de silêncio com um número enorme de perguntas que eles faziam em pensamento. De vez em quando, abriam o livro e liam alguma coisa. As dúvidas se multiplicavam sobre as intenções do Taturana, e os primeiros passos para uma gama de conhecimentos novos se desenhava para o trio.

Foi tamanha a surpresa que o caminho da livraria até a casa de Melissa passou tão rápido que eles nem notaram. Com o desejo de ligar o computador pulsando dentro deles, o trajeto passou despercebido. Entraram rapidamente e foram para a frente do computador. Ligaram a máquina e abriram o arquivo Mel.doc. Infelizmente, não havia nenhum recado.

A dúvida, agora, era saber se eles precisariam ler aquele livro ou não. Será que o grupo aguardaria um estudo por parte deles para se manifestar? Decepcionados e sem saber o rumo a seguir, novamente precisavam pensar em algo.

Léo, tomando a frente, sugeriu aos dois:

— Talvez estejam aguardando nosso comunicado sobre o livro. Acho que precisamos avisá-los.

Melissa, que estava em frente ao teclado, escreveu.

Encontramos O Livro dos Espíritos. Aguardamos novos contatos.

Tuba fez um comentário com os amigos:

— Eu achando que esse cara sabia fazer perguntas inteligentes e ele copiando deste livro! Nota zero para ele, que estava colando!

Léo e Melissa sorriram. A irreverência de Tuba era algo marcante.

Tuba permaneceu com o livro nas mãos. De vez em quando, abria uma página aleatoriamente e mostrava aos dois. Os temas eram muito interessantes e as orientações que o livro continha despertavam, cada vez mais, a curiosidade deles. Enquanto isso, nenhuma alteração foi constatada no computador. Mais uma vez, restava apenas aguardar.

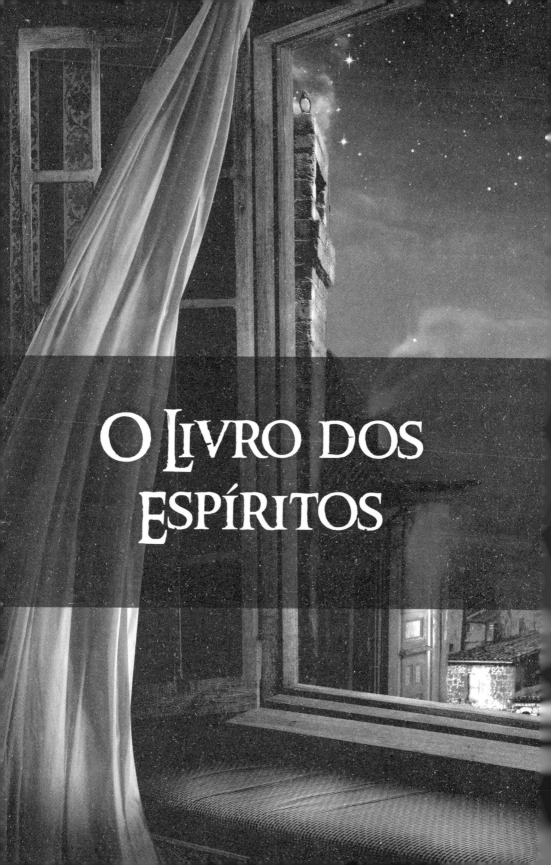

O Livro dos Espíritos

Após o envio da mensagem, Melissa comunicou aos amigos que faria uma rápida pesquisa sobre o livro. Abriu um site de buscas, digitou o nome e abriu uma página que trazia algumas informações.

O Livro dos Espíritos é o primeiro livro sobre a Doutrina Espírita, publicado pelo educador francês Hippolyte Léon Denizard Rivail, sob o pseudônimo Allan Kardec. É uma das obras básicas do Espiritismo.

Inicialmente, as médiuns que serviram a esse trabalho foram as jovens Caroline e Julie Boudin. Tempos depois, juntou-se aos trabalhos Celine Japhet. Após o primeiro esboço, o método das perguntas e respostas foi submetido à comparação com as comunicações obtidas por outros médiuns, cujos textos psicografados contribuíram para a estruturação do livro.

Em 18 de abril de 1857, a obra foi publicada, contendo 501 questões, onde o codificador elaborava as perguntas e os espíritos respondiam.

Só a partir da segunda edição francesa, com ampla revisão de Kardec, mediante o contato com grupos espíritas de cerca de 15 países da Europa e das Américas, é que aparecem 1.018 perguntas e respostas.

A obra se divide em quatro "livros", como comumente se dividiam as obras filosóficas da época, que abordam respectivamente:

Das causas primárias – abordando as noções de Deus, a Criação e os elementos fundamentais do Universo.

Do mundo dos Espíritos – analisando a noção de Espírito e toda a série de imperativos que se ligam a esse conceito, a finalidade de sua existência, seu potencial de autoaperfeiçoamento, sua pré e sua pós-existência e ainda as relações que estabelece com a matéria.

Das Leis Morais – trabalhando com o conceito de Leis de Ordem Moral a que estaria submetida toda a Criação, quais sejam, as leis de adoração, trabalho, reprodução, conservação, destruição, sociedade, progresso, igualdade, liberdade e justiça, amor e caridade.

Das esperanças e consolações – concluindo com ponderações acerca do futuro do homem, seu estado após a morte, as alegrias e os obstáculos que encontra no além-túmulo.

Após a leitura, Melissa falou com admiração:

— Que interessante! Fomos convidados a conhecer o Espiritismo. Pela pesquisa, esse é um livro especial que fala sobre a essência da vida! Um pilar onde se estrutura toda uma doutrina!

Tuba deu um pulo da cadeira:

— Será que OLE 1857 quer dizer O Livro dos Espíritos e 1857 sua data de lançamento?

— Verdade! Coincidiu com a livraria, mas acho que se referia ao livro – disse Melissa.

— Agora temos de dar um jeito de conversar com esse pessoal. Estamos aprendendo sobre vida e morte,

202 | O MISTÉRIO DA CASA

as razões de existirmos e precisamos saber o motivo – comentou Léo, interrompendo a empolgação dos dois.

Melissa abriu novamente o arquivo e, mais uma vez, constatou que não havia mensagem para eles. Léo informou que voltaria a observar as reuniões do Taturana e pediu a Melissa que os mantivesse informados, caso ocorresse mais um contato via computador.

Os meninos foram embora, mas Melissa permaneceu conectada. Queria levantar mais informações sobre o Espiritismo.

MAIS INFORMAÇÕES

Manhã de chuva. Quando isso acontecia, a frente da escola ficava tumultuada. Carros parados para deixar os filhos, outros aguardando uma vaga, e os alunos correndo para sair da chuva e alvoroçando a entrada. Nesses dias, a maioria dos alunos ficava no pátio da escola, aguardando o sinal de chamada para entrar na sala de aula.

Melissa chegou e logo foi procurar Tuba e Léo. Como eram muitas pessoas no pátio, e o tempo para o início da aula estava próximo, desistiu de procurá-los e foi conversar com as amigas. Encontrou os dois somente dentro da sala. Quando viu os meninos, ela fez um sinal de que conversaria com eles no intervalo.

Léo, como sempre, não conseguia esperar, mexeu os lábios sem emitir som, querendo saber se existia alguma mensagem. Ela entendeu o que ele queria saber e pediu para aguardar. Ele insistiu e ela somente fez um gesto negativo com a cabeça. Tuba acompanhava os dois a distância, entendeu o recado e não perguntou nada.

No intervalo, os três finalmente se encontraram. Léo, sabendo a resposta, insistiu:

— Então, mesmo informado sobre nosso encontro com o livro, o Taturana não enviou notícias.

— Infelizmente, não – respondeu a garota.

— Que pena! Estava louco para saber a opinião deles – lamentou Tuba.

Melissa retomou a palavra:

— Fiquei no computador, após vocês saírem ontem, e fiz mais algumas buscas. É muito interessante o Espiritismo. Vocês sabiam que ele foi estruturado a partir de diálogos com espíritos desencarnados?

— Não! – responderam ao mesmo tempo.

Melissa continuou:

— Os espíritos falam acerca de diversos temas sob a ótica Cristã. O princípio de amor ao próximo é o ponto forte. O lema "Fora da caridade não há salvação" é a bandeira de frente. A caridade com o semelhante é um dos meios de aprimoramento espiritual, aliado ao autoconhecimento.

Os dois não conseguiam desgrudar os olhos da amiga e ela continuou:

— O espiritismo busca entender a realidade mediante a integração da ciência, da filosofia e da religião. Isso é o que se chama o tríplice aspecto. Para os espíritas, se um dos aspectos for tomado isoladamente, corre-se o risco do fanatismo, negação da verdade ou ceticismo total.

Vendo o interesse dos amigos, Melissa empolgou-se em relatar as pesquisas e continuou dizendo a eles um pouco mais do que havia lido:

— A Doutrina Espírita possui cinco princípios básicos, sendo eles: Existência de Deus, Existência da Alma, Pluralidade dos Mundos Habitados, Reencarnação e Comunicabilidade dos Espíritos.

Nesse ponto da conversa, Tuba interrompeu a amiga:

— Espere aí. Vocês perceboram que o Taturana falou desses princípios com a gente?

— Como assim? – perguntou Léo.

Tuba franziu a testa e elucidou:

— Ele falou sobre Deus, a respeito dos mundos habitados, na sequência sobre a existência da alma e reencarnação. Agora falta apenas a comunicação com os espíritos.

Léo e Melissa se espantaram. O rapaz se expressou:

— Verdade, Tuba. Poder ser coincidência ou eles fizeram nós pensarmos nos princípios básicos. Mais uma vez, ficamos sem entender o motivo.

— Será que algum espírito vai aparecer para nós? – interrogou Tuba.

— Eu tenho medo – respondeu Melissa.

— Não vejo motivo para temer. Pelo que entendi, os espíritos são pessoas que não têm mais corpo físico – disse Léo, para consolar a amiga.

A conversa seguia animada, quando perceberam o movimento dos alunos retornando para a sala de aula. No caminho, Tuba convidou os amigos para continuar a conversa mais tarde em sua casa. Melissa gostou da ideia, mas Léo disse que não poderia ir porque teria de ajudar dona Luiza arrumar o escritório.

Melissa marcou com Tuba e os dois se encontrariam mais tarde.

ALLAN KARDEC

Com a ausência de Lóo, Melissa achou melhor chamar Tuba para ir a sua casa, o contrário do que haviam combinado. Tuba cedeu e, no horário indicado, estava na casa da menina. Na verdade, o rapaz tinha a esperança de chegar lá e encontrar algum comunicado do Taturana. A ausência de notícias do grupo o angustiava.

Ao chegar ao quarto de Melissa, viu que ela estava com o notebook aberto acenando negativamente com a cabeça.

— Pelo jeito, nada de notícias – disse.

A menina não havia notado sua presença, pois ele entrou após ter sido recepcionado pela doméstica da casa, e se assustou com o comentário, virando para olhar o amigo:

— Infelizmente, não – respondeu. – Agora vou buscar informações sobre o autor do livro, Allan Kardec.

— Entendi – falou o rapaz puxando uma cadeira e sentando-se ao lado da amiga.

Melissa digitou o nome no *site* de pesquisas, viu um monte de opções e clicou para abrir uma delas. Leu e comentou com o amigo:

— Olha que interessante. Allan Kardec é um pseudônimo!

— Um o quê? – perguntou Tuba.

Melissa sorriu e esclareceu:

— Pseudônimo. Um nome adotado. Na realidade,

ele se chamava Hippolyte Léon Denizard Rivail. E ele, na realidade, não é o autor, mas um codificador. Ele usou o nome de Allan Kardec para diferenciar a Codificação Espírita dos trabalhos anteriores que elaborou.

— Nossa, então ele era muito inteligente – admirou-se Tuba.

— Sim, muito inteligente. Ele estudou na escola de Pestalozzi, um educador suíço. O sr. Rivail tornou-se um dos principais discípulos de Pestalozzi e foi divulgador do método desenvolvido pelo mestre, que influenciou a reforma do ensino na França e Alemanha.

A menina continuou lendo em voz alta para o amigo:

— Em 1854, Hippolyte ouviu falar de um fenômeno, que ocorria na época, chamado mesas girantes. O fenômeno consistia no movimento, sem causa física conhecida, de mesas e outros objetos pesados, em torno dos quais se reuniam, nos salões, pessoas de todas as classes sociais daquela época. Os objetos se moviam e as pessoas atribuíam esses movimentos a uma força magnética. Isso era uma diversão social.

— Posso continuar?

— Sim, estou adorando essas informações.

Melissa voltou os olhos para a tela e seguiu a leitura.

— Quando ouviu falar pela primeira vez sobre o fenômeno, o codificador deu de ombros. Em 1855, ele ficou sabendo que as mesas estavam dando respostas a perguntas. Por meio de vários sinais, entre eles pancadas, as mesas davam respostas inteligentes. Era mais ou menos assim: uma pancada queria dizer "sim", duas pancadas "não".

Tuba não piscava os olhos, enquanto Melissa seguia a narrativa:

— Ao decobrir isso, Rivail mudou sua interpretação sobre as mesas girantes. Dizia ele que algo sem inteligência, como as mesas, não poderia dar resposta inteligente. Começou a pesquisar e notou que essas respostas vinham de espíritos. Com o tempo, descobriu que esses mesmos espíritos já haviam habitado a Terra. Ele intensificou as pesquisas, passando a adotar pranchetas e cestas com um lápis adaptado. Os médiuns colocavam as mãos sobre essas pranchetas e mesas, e o lápis deslizava sobre as folhas. As respotas passaram a ser escritas e mais rápidas. O método foi aperfeiçoado, e os médiuns começaram a utilizar o lápis diretamente.

Tuba não aguentou e disse:

— Agora entendi o motivo de ele ser um codificador. Na verdade, Kardec elaborava as perguntas e os espíritos respondiam. Daí o nome *O Livro dos Espíritos*. Se eu entendi realmente, não é um livro escrito por Allan Kardec, mas codificado e estruturado por ele, sendo de autoria dos Espíritos.

— E tem mais coisa aqui – chamou a atenção Melissa.

— A partir da segunda edição do livro, Kardec inseriu notas de rodapé. Essas notas ajudaram a entender o pensamento dos espíritos. Com isso, ele passou a ser ativo na obra da codificação do Espiritismo. E, a partir de *O Livro dos Espíritos*, outras quatro obras surgiram para complementar o trabalho: *O Evangelho Segundo o Espiritismo*, *O Livro dos Médiuns*, *A Gênese* e *O Céu e o Inferno*, formando assim, o chamado pentateuco do Espiritismo.

Tuba, encantado com as informações, quis saber:

— E por que ele assinou Allan Kardec?

Melissa procurou essa informação no texto e respondeu:

— Sim, está aqui a resposta. Um espírito familiar disse a ele que, em outra encarnação, ele tinha vivido na Gália, entre os druidas, e se chamava Allan Kardec. Por isso Hippolyte Léon Denizard Rivail assinou as obras como Allan Kardec. Faleceu em 31 de março de 1869, vítima de um aneurisma.

— Partiu e deixou um trabalho importantíssimo para toda a humanidade! – admirou-se o menino.

— Sem dúvida. Era um homem admirável – completou Melissa.

Tuba não conseguia conter a curiosidade e solicitou que Melissa verificasse o arquivo Mel.doc, na esperança de receber algum recado. A amiga novamente constatou que nada tinha sido escrito.

Novamente deixaram um recado: Agora conhecemos a vida de Allan Kardec. Precisamos conversar com alguém. Ass. Léo, Tuba e Melissa.

Ao terminar de escrever, Melissa olhou para Tuba e disse:

— Algo me diz que o Léo fará alguma descoberta ou chegará com uma mensagem. Não consigo explicar, mas sinto isso.

Tuba percebeu que a amiga falava sério, e nada comentou a respeito. Aguardou mais um pouco e os dois amigos voltaram a conversar sobre Kardec, na expectativa de receber notícias de Léo.

A Incrível Descoberta de Léo

Enquanto Tuba e Melissa conversavam sobre Kardec e *O Livro dos Espíritos*, Léo acompanhava dona Luiza em seu escritório. Havia tempos que a mãe do garoto precisava organizar uns papéis, selecionar outros e jogar fora os que não eram úteis.

A primeira ordem de dona Luiza ao filho foi colocar o máximo de coisas possível no chão, para que ela selecionasse o que seria guardado e o que iria para o lixo.

O menino atendeu de imediato, mesmo sendo um trabalho cansativo. Ele gostava de ajudar.

— Meu Deus! Fiquei muito tempo sem mexer aqui e olha o tanto de coisa que não serve para nada – falou ao filho.

— É verdade, mamãe. A senhora não organiza esse escritório há anos, pelo menos que eu me lembre – respondeu o menino.

Aos poucos, uma pilha de material que seria descartado foi se acumulando. Até uns livros que não seriam lidos novamente foram separados para serem doados a uma biblioteca.

— Filho, pegue aquela caixa ali em cima e olhe o que tem dentro! – Indicou uma caixa que estava na parte de cima da estante.

O menino obedeceu prontamente, pegou a escada para fazer o que a mãe havia solicitado. Num tremendo esforço para esticar o corpo, ele conseguiu olhar pela fresta do papelão e enxergar o que tinha dentro.

— São álbuns e algumas fotos avulsas!

— Desça a caixa, por favor. Vamos olhar, eu não faço a menor ideia de quais fotos estão aí dentro.

Quando colocou a caixa no chão, Léo tirou a tampa e passou a olhar os álbuns. Havia fotos de quando ele era uma criança, de seu pai, que falecera quando ele tinha cinco anos, da avó e da família toda.

Ao rever as fotos, a mãe do menino fazia um comentário referente à época em que tinham sido tiradas. Léo sorria dos comentários e quase sempre das roupas que eles usavam.

— Lembre-se que, para a época, estávamos na moda – brincou dona Luiza, tentando defender os "modelitos" nada modernos.

Léo permaneceu olhando as fotografias, e sua mãe continuou organizando o escritório. Ele prometeu que, após olhar todo o material, voltaria a ajudá-la. Tudo estava indo bem, até o menino soltar um grito e jogar uma foto para o alto. Dona Luiza levou um susto e, ao olhar, viu que seu filho estava quase sem cor.

— O que aconteceu?

Léo apontou para a foto e, sem dizer nada, começou a chorar compulsivamente. Dona Luiza, apavorada, pegou o retrato, olhou e disse ao filho:

— Pelo amor de Deus, Leonardo! Voce está me

assustando, filho! Diga alguma coisa, olha sua cor, voce está pálido!

Chorando, quase sem conseguir falar, ele olhou para dona Luiza e quis saber:

— Ma-ma-mãe....Que...que...quem é esse na foto?

— É seu bisavô. Infelizmente, ele morreu quando eu era menina, tinha apenas oito anos e convivi pouco com ele.

A mulher abraçou o filho e continou:

— Por que essa emoção toda, Léo! Por favor, meu filho, diga alguma coisa.

— Mãe, a senhora tem certeza?

— Filho, conheci meu avô. Tinha oito anos quando ele morreu, mas me lembro bem dele.

Sem dizer nada, o menino correu para o celular e ligou para Tuba.

— Tuba, onde você está?

— Na casa da Melissa.

— Por favor, venha para a minha, imediatamente. Acabo de descobrir algo chocante. Não percam tempo, venham agora!

Léo desligou o telefone e pediu para que dona Luiza aguardasse a chegada dos dois amigos para conversar. Preocupada, a mãe do rapaz o abraçou e respeitou sua vontade, aguardando a chegada de seus amigos.

Tuba e Melissa foram para lá o mais rápido possível. Ao chegar, tocaram a campainha e dona Luiza os recebeu, conduzindo-os até o escritório. Encontraram Léo, que continuava chorando.

No escritório, dona Luiza não aquentava mais de curiosidade e preocupação. Nos últimos tempos, o filho andava estranho, fazendo perguntas que não eram comuns, e ela viu que era a hora de esclarecer tudo. Vendo os três reunidos, perguntou:

— Estou assustada e preciso entender: o que acontece com vocês?

Antes de responder à mãe, Léo esticou o braço e mostrou a foto para Tuba. O rapaz arregalou os olhos, sentiu um choque no corpo todo e falou:

— É o Taturana. Onde você conseguiu essa foto?

Admirado, passou o retrato para Melissa.

Ela viu a foto, colocou a mão sobre a boca para conter o grito. Como você conseguiu uma foto dele?

Dona Luiza acompanhava a cena. Era a única ali que não conseguia externar nenhuma admiração especial pela foto e desejou entender o motivo:

— Quem é Taturana? Alguém me explica o que está acontecendo?

Léo, um pouco mais calmo, olhou para a mãe e começou a contar-lhe a história. Narrou os fatos, incluindo as reuniões na casa em frente a sua, as mensagens, os sonhos, o contato com *O Livro dos Espíritos* e a Doutrina Espírita.

— Mãe, estamos no começo de solucionar um mistério! O Taturana é meu bisavô!

Dona Luiza, mesmo estando em um momento delicado, não conseguiu segurar o riso ao descobrir o apelido dado ao seu avô. Os jovens foram muito criativos!

Tentando contornar a situação, um pouco mais tranquila, após ouvir a narrativa e acostumada aos sonhos juvenis do filho e seus amigos, ela passou os olhos sobre os três e comentou:

— Gente, é uma história curiosa. Provavelmente, vocês viram alguém parecido com meu avô e se deixaram iludir com alguns acontecimentos. Estamos falando de sonhos, e não se esqueçam de que criamos muitas fantasias quando queremos acreditar em algo!

— Mas, mãe, e a mensagem no *note* da Melissa, a livraria, os sonhos meu e do Tuba? Não pode ser coisa da nossa cabeça!

— Dona Luiza, as perguntas que nós recebemos estão todas em *O Livro dos Espíritos*. Não fazíamos a menor ideia da existência desse livro. Impossível que seja uma ilusão nossa! – Tuba tentou convencer a mãe de Léo.

— É verdade, por favor, acredite em nós – pediu Melissa.

Com paciência, dona Luiza novamente argumentou:

— Olha, estamos falando de uma pessoa que morreu há anos. Pessoas parecidas existem muitas no mundo todo. Vamos fazer o seguinte: assim que as pessoas chegarem para a próxima reunião, vou com vocês à casa do tal Taturana e esclarecemos tudo, ok?

Novamente Léo olhou a foto e disse aos amigos:

— Eu tenho absoluta certeza que é ele!

— Concordo plenamente, é o cara que eu vi em meu sonho! – reforçou Tuba.

Dona Luiza percebeu que não adiantava tentar convencê-los repentinamente. Sabia que a imaginação, nessa idade, era fértil e que somente quando os levasse ao encontro do grupo é que se convenceriam de que tinham sido levados a acreditar em algo que não existia.

Convidou os três para um suco. Pediu que aguardassem e foi para a cozinha. Enquanto preparava a refeição, percebeu que o trio continuava argumentando sobre a possibilidade de o Taturana ser o bisavô de Léo.

Ao terminar, dona Luiza desejou não confrontar os três e tentou aprofundar a história, para conseguir a confiança deles enquanto saboreavam o lanche. Ela acreditava que assim seria mais fácil resolver o dilema.

O assunto estava acalorado quando ouviram a campainha. Dona Luiza pediu a Léo que fosse atender. Prontamente ele foi em direção à porta de entrada. O menino retornou ofegante, parecia assustado novamente:

— Gente, tem uma mulher lá fora, e é alguém do grupo do Taturana, quero dizer, do meu bisavô.

— Tem certeza? – perguntou Melissa.

— Claro que sim! Acompanho-os há tempos e sei muito bem quem são.

Dona Luiza olhou para o filho e comentou:

— Olha que excelente oportunidade. Agora vamos esclarecer tudo! Aguardem que eu vou até o portão falar com ela e já volto.

Ela queria saber quem estava lá fora. Não sabia se era mais uma das ilusões do filho e precisava se certificar sobre quem realmente era a mulher que tocara a campainha.

Os três permaneceram na expectativa...

A Visita

Dona Luiza foi conversar com a mulher que tocara a campainha, deixando os três na sala. A expectativa era grande, afinal, poderia ser a oportunidade que eles esperavam, após inúmeras tentativas de contato pelo computador.

Enquanto esperavam, a conversa girava em torno da descoberta recente, de que o Taturana era o bisavô de Léo, que dizia aos amigos:

— Nunca imaginei uma coisa dessas! Por mais que minha mãe insista nessa ideia de ilusão nossa, é impossível termos nos enganado tanto!

Tuba concordou com o amigo:

— Respeito muito a dona Luiza, mas desta vez ela se enganou. Tenho a imagem dele perfeita em minha memória. Posso garantir que estamos próximos de resolver nosso enigma.

Melissa acenou positivamente com a cabeça e concluiu:

— E o mais inacreditável é que estamos tendo contato com um espírito! Parece um sonho ou um filme de ficção científica!

Tuba coçou a cabeça, e chamou a atenção dos amigos:

— Gostaria de saber como eles enviam mensagens pelo computador, se é que eles têm essa possibilidade! E outra coisa que está me deixando intrigado é como colocaram a mensagem em sua caixa de correspondências!

As dúvidas ainda permaneciam. Nem mesmo o trio tinha percebido o número de eventos, possivelmente espirituais, em que eles estiveram envolvidos. Se aquela mulher, que estava no portão, fosse do grupo da casa, as coisas começariam a se esclarecer.

A conversa entre as duas mulheres alongou-se. Léo estava angustiado com a demora da mãe. Não conseguia esconder a ansiedade, e foi para a janela observar a sua genitora.

Quando a avistou, o rapaz ficou assustado:

— Gente! Minha mãe está chorando! O que será que essa mulher está falando para ela? Eu vou lá agora mesmo acabar com isso!

Ele estava indo em direção à porta, quando Tuba o segurou pelo braço:

— Calma, Léo. Não seja precipitado.

Melissa, que acompanhava as duas pela janela, comentou:

— Ela está segurando algumas folhas. Provavelmente está chorando pelo conteúdo das folhas. A mulher não está com cara de quem fez algo ruim para dona Luiza.

Léo resolveu aceitar as opiniões dos amigos e sentou-se no sofá. Melissa não tirava os olhos das duas e avisou aos seus amigos:

— Estão entrando!

Os três oo acomodaram no sofá, aguardando a entrada das duas. Alguns segundos depois, a porta se abriu e dona Luiza entrou acompanhada da mulher.

— Crianças, esta é a Laura e precisa falar conosco. Acho que vocês precisam ouvir o que ela tem a nos dizer.

O rosto de dona Luiza demonstrava que ela estava transtornada com o que tinha escutado da mulher. Ela deixava transparecer que estava totalmente confusa. Carregava nas mãos algumas folhas. Devolveu o calhamaço, com textos escritos a mão, para a mulher e convidou-a a se sentar.

A expectativa era enorme. O trio calafrio percebeu que algo sério estava para acontecer e, em silêncio, eles olhavam para a mulher aguardando que ela se pronunciasse.

LAURA

Laura era uma senhora de aproximadamente 50 anos, baixa, pele morena e cabelos curtos. Tinha um sorriso contagiante e se apresentava tranquila para conversar com os três jovens e a mãe de Léo.

Com as folhas de papel na mão, ela começou a conversa:

— Meus amigos, há pouco conversava com dona Luiza contando alguns fatos e solicitei a ela permissão para conversar com vocês.

Ela sorriu e continuou:

— Bom. Somos um grupo que estuda o Espiritismo. Reunimo-nos semanalmente, e nosso intuito é formar um grupo espírita. Após um ano de estudos, como vocês bem o sabem, começamos um trabalho mediúnico.

A mulher se acomodou no sofá e fez uma pausa, procurando relembrar alguns fatos e continuou:

— Quando começamos os trabalhos, senti a presença de um espírito amigo... disse que estaria conosco, mas que também precisava de apoio para uma missão particular. Eu me pus à disposição. Ele ficou um bom tempo mandando mensagens, sem nada sugerir sobre a tarefa que faria.

Percebendo a atenção de todos, continuou:

— Tempos atrás, nosso amigo espiritual pediu para que eu anotasse em um caderno algumas questões de *O Livro dos Espíritos*, e eu assim o fiz. Alguns dias depois, ele sugeriu que eu, novamente, colocasse no caderno outras questões. Como eu tinha aceitado colaborar, continuei anotando.

Tuba lembrou-se do sapo na mão de Melissa, olhou para a menina e sorriu. Laura, concentrada no assunto, não percebeu nada e deu sequência à narrativa:

— Achei estranha a terceira solicitação... Nosso companheiro pediu para que eu anotar novamente alguns trechos do livro e deixar na vossa caixa de correspondências. Fiz o que me foi pedido. Confiava plenamente em nosso amigo espiritual e sabia que, na hora certa, me contaria o motivo das mensagens, por isso não questionei.

Léo olhou para Tuba e Melissa e não precisou dizer nada. Eles entenderam a forma como tinha chegado o texto pela caixa de correspondências.

— Na semana passada, em nossa reunião, recebi, por intermédio da psicografia, essas mensagens – disse Laura.

Ela mostrou os papéis que segurava nas mãos.

— Quando terminou a reunião, vi que constavam alguns nomes. Não tinha a menor ideia sobre quem eram as pessoas, até que o companheiro espiritual aproximou-se e falou que era para eu vir aqui, na tarde de hoje, e entregar esses textos. Por isso apresentei-me à dona Luiza e pedi autorização. Na verdade, precisava me certificar de que os nomes eram conhecidos. Quando ela me falou sobre os acontecimentos com vocês, comecei entender a razão dos textos e do pedido do nosso amigo espiritual.

Como podem perceber, nada foi ao acaso. A espiritualidade agiu de maneira planejada e na hora certa esclareceu os fatos. Agora, é necessário que cada um verifique a psicografia para entender melhor a situação.

Laura, começou olhar as folhas e distribuiu uma para cada um dos jovens, retendo a última com ela e explicou:

— Aqui estão as mensagens. Peço que leiam e, se tiverem alguma dúvida, estou à disposição para esclarecê-la.

Os jovens receberam a folha, leram e o espanto foi visível no rosto de cada um. Laura pediu a cada um que lesse em voz alta para que todos conhecessem o conteúdo.

As Mensagens

Prontoo para iniciar a leitura, os três jovens concordaram com a ideia de que Léo deveria ser o primeiro a ler a mensagem. O rapaz ajeitou-se na poltrona e deu início à leitura:

— Caro bisneto Léo, que Deus ilumine seus passos!

Chegou a hora de estreitarmos nossos laços. Somos amigos de longa data e acompanho seus passos, do plano espiritual, desde o seu retorno ao corpo físico.

Tenho certeza de que agora você entende o porquê de não me ver saindo da casa junto com os amigos do grupo de estudo. Você me percebia pela visão espiritual.

Como o trabalho deste lado da vida continua, após o encerramento com os encarnados, na maioria das vezes, você estava dormindo, repousando o corpo, quando eu retornava para a colônia em que moro.

Falo isso pois inúmeras vezes ouvi sua indignação com esse fato.

Meu filho, nosso encontro foi em sonho, e peço desculpas se eu o assustei quando o convidei para entrar na casa onde o grupo se reúne.

Com o tempo, muitas coisas serão esclarecidas. Não queira entender tudo agora. Para esse momento, o contato com a vida espiritual basta para você dar os primeiros passos.

Abrace sua mãe Luiza e sua avó Aparecida, filha do coração, por mim.

Dona Luiza deixou escapar mais algumas lágrimas e abraçou o filho. Ouvir as palavras do avô citando nomes era a prova de que realmente a vida continua após a morte do corpo físico. Tuba esperou terminar o momento de emoção do amigo e de sua mãe. Foi o próximo a dividir o texto.

— Olá, Tobias.

Fico feliz ao ver o quanto você e o nosso querido Léo desfrutam de uma amizade verdadeira. Amigos em outras encarnações, vejo que nessa, a cumplicidade ainda impera entre vocês. Para nós, espíritos amigos, é uma satisfação grande saber que, desde tenra idade, houve a identificação dos laços que os unem e a amizade floresceu novamente.

Tobias, você foi o escolhido para receber a informação sobre O Livro dos Espíritos, em sonho, em razão da facilidade que tem para sair do corpo.

Fico feliz com o resultado obtido e pela forma madura com a qual tratou as informações.

Aguarde com paciência e, na hora certa, você terá a oportunidade de lidar com esse fenômeno de uma maneira mais produtiva.

Conte conosco em sua caminhada.

O rapaz terminou a leitura e olhou para as demais pessoas na sala. Todos estavam admirados pelo fenômeno narrado e perceberam a alegria dele, por descobrir que o sonho era, na verdade, um encontro espiritual. Agora era a vez de Melissa. Após ouvir atentamente a leitura dos amigos, a menina passou a narrar:

Melissa, que bom me dirigir a você!

Companheira de ideal, é também uma alma amiga que o tempo trouxe de presente a todos nós. Fico feliz ao informar que você é médium e que, no momento certo, deverá desenvolver sua faculdade mediúnica!

Faço esse esclarecimento para que entenda o que aconteceu no dia em que as mensagens apareceram em seu computador.

O torpor que sentiu, naquele dia, foi, na verdade, nossa influência. Pela falta de conhecimento, você não percebeu que foi instrumento para colocarmos o texto em sua máquina, digitando a mensagem.

Peço que entenda a falta de contato solicitada várias vezes, por você e seus amigos, posteriormente. Não é tão simples esse contato.

Querida amiga, obrigado por fazer parte de nosso trabalho e colaborar para que as informações fossem transmitidas.

Até breve.

A admiração era visível. Os jovens entenderam os motivos de não receberem mais respostas. Riram ao perceber que estavam muito distante de entender como as mensagens foram parar no computador de Melissa. Agora, as coisas estavam se encaixando.

Laura estava acompanhando tudo e também se sentia feliz por participar de algo tão especial. Solicitou permissão para ler a carta que estava em seu poder. Todos aquiesceram e estavam atentos à leitura que ela começou.

Meus filhos,

A primeira etapa de nossos trabalhos foi concluída.

Temos um compromisso para, juntos, trabalhar na seara espírita. O grupo de estudo já está formado.

É necessário que vocês façam parte do centro espírita que ora se inicia.

Futuramente estarei de volta ao plano terrestre e vamos nos encontrar para dar prosseguimento às atividades.

Não posso estipular o período exato em que nos encontraremos, para não comprometer o andamento natural das coisas. Afirmo que hoje sou o instrutor espiritual de todos e que, um dia, estaremos juntos estudando as verdades espíritas.

Por ora, estarei sempre presente nas atividades da instituição, que estamos iniciando junto aos amigos encarnados.

Que Jesus nos ilumine!

Quando Laura terminou, a emoção tomava conta de

todos. Descobrir que estavam engajados em um trabalho que daria frutos no futuro era muito bom para os jovens e dona Luiza. Mais interessante foi saber que no futuro iriam se encontrar com o amigo espiritual.

Laura contou que o grupo havia fundado uma instituição chamada: "Grupo de Estudos Espíritas Boa Nova", em homenagem ao Evangelho de Jesus. Aproveitou a oportunidade e convidou os presentes:

— Dona Luiza, gostaria muito de contar com a senhora na próxima semana para conhecer nossa casa.

— Com certeza. Quero conhecer o Espiritismo e contribuir para que essa casa cresça e ajude muitas pessoas.

A mulher olhou para os jovens e comentou:

— Quanto a vocês, vamos dar início a um grupo de mocidade. Seriam os nossos primeiros alunos. É hora de começar, meus jovens!

Os três ficaram felizes e combinaram com Laura que estariam presentes no início do grupo de jovens estudantes da Doutrina Espírita. Laura ficou mais alguns minutos no bate-papo, contou sobre o grupo e fez algumas considerações para o trio. Após perceber que não tinham mais dúvidas a sanar, a mulher disse que precisava ir embora. Despediu-se, dizendo que aguardava todos na semana seguinte.

Os quatro ficaram mais de uma hora conversando sobre as mensagens. Dona Luiza, por fim, disse aos três:

— Peço desculpas por não acreditar em tudo o que me contaram. Jamais imaginei uma coisa dessas. Agora, prometo que vou estudar e, com o tempo, vamos entender ao certo tudo o que aconteceu.

Os três correram para junto dela e, sem falar uma palavra, deram um longo abraço na genitora de Léo. Ficaram mais de um minuto juntos e foi impossível conter as lágrimas dos quatro.

ENFIM, FÉRIAS

Os fatos ocorreram na última semana de aula. Dois dias depois, vamos encontrar o trio calafrio na piscina do clube.

Tuba estava na água e convidava Melissa para descer no tobogã. Lá em cima, ela ameaçava e não descia.

— Vamos. Não tenha medo – gritou ele. – Pode descer que estou aqui para te socorrer, não se preocupe.

Ela contou até três e desceu. A velocidade foi tamanha que o clube todo ouvia os gritos da menina. Quando chegou ao fim do tobogã, ela se chocou com a água. Afundou e perdeu a noção de onde estava o fundo da piscina. Tuba percebeu e puxou a amiga para fora da água.

— Nossa – disse ela. — Não sabia para que lado ficava o fundo. Perdi completamente a direção!

Tuba, segurando em seu braço, não resitiu:

— Eu jamais permitiria que algo de ruim acontecesse a você, minha deusa. Acho que formamos o par perfeito. Você poderia me aceitar como namorado!

Percebendo que desta vez o menino não estava brincando, Melissa olhou carinhosamente para o amigo e, com a voz suave, falou:

— Já disse que sou nova para namorar, aliás, somos novos para namorar.

Tuba olhou para ela e insistiu:

— De forma alguma. Daqui dois anos, já teremos 15.

— Disse bem, daqui a DOIS anos!

— Isso quer dizer que somos namorados?

A menina sorriu e deu um tapa na piscina, espirrrando água no rosto dele. Em seguida, os dois ouviram uma explosão na piscina. Era Léo, que desceu com toda velocidade possível do tobogã. Após o choque com a água, ele se juntou aos dois amigos.

Assim que se aproximou, Tuba olhou para ele e comunicou:

— Léo, sou pré-namorado da Melissa. Formalizamos agora e começamos daqui a dois anos. Dê-me os parabéns!

Ao mesmo tempo, Léo e Melissa dispararam uma gargalhada. Ela, um tanto quanto constrangida, ficou com o rosto vermelho e desviou a conversa:

— Amanhã começamos na Mocidade Espírita, não se esqueçam!

— Estarei lá – confirmou Léo.

— Vou aonde você for, Melissa. Vocês já sabem o nome do professor?

— Luis Augusto, comentou Léo. Ontem Laura conversou com a minha mãe, disse o nome dele e que estaria esperando por nós.

Tuba, como sempre, não perdeu a oportunidade e soltou uma das suas:

— Ele é espírito encarnado ou não?

Melissa riu da pergunta e respondeu:

— De novo não, por favor.

Léo sorriu da brincadeira da amiga e convidou-os para um sorvete. Tuba e Melissa adoraram a ideia, afinal, o calor estava intenso.

Quando estavam fora da piscina, Tuba deu um passo para trás e deixou que os dois fossem à frente. Quando viu que estava um pouco distante, saiu correndo, deu um leve tapa nas costas dos dois e gritou:

— Quem chegar por último é a mulher do sapo!

Os três saíram correndo e sorrindo ao mesmo tempo. Quando chegaram à sorveteria do clube, estavam ofegantes. Felizes, num impulso, eles se abraçaram. Melissa tomou a frente e disse:

— Amigos para sempre!

Emocionados e, como se houvessem combinado, os dois responderam praticamente ao mesmo tempo:

— Por toda a eternidade!

Fim